Le pari de la culture
Petit éloge de la culture d'entreprise

Groupe Eyrolles
61, bd Saint-Germain
75240 Paris Cedex 05

www.editions-eyrolles.com

Mise en pages : Sandrine Escobar

Le code de la propriété intellectuelle du 1er juillet 1992 interdit en effet expressément la photocopie à usage collectif sans autorisation des ayants droit. Or, cette pratique s'est généralisée notamment dans les établissements d'enseignement, provoquant une baisse brutale des achats de livres, au point que la possibilité même pour les auteurs de créer des œuvres nouvelles et de les faire éditer correctement est aujourd'hui menacée.

En application de la loi du 11 mars 1957, il est interdit de reproduire intégralement ou partiellement le présent ouvrage, sur quelque support que ce soit, sans l'autorisation de l'éditeur ou du Centre français d'exploitation du droit de copie, 20, rue des Grands-Augustins, 75006 Paris.

© Groupe Eyrolles, 2016
ISBN : 978-2-212-56468-6

Didier PITELET

Le pari de la culture
Petit éloge de la culture d'entreprise

Préface de Matthieu Ricard

EYROLLES

« *La culture d'entreprise est le miroir du vivre ensemble.* »

En hommage aux victimes des attentats de Paris,
le 7 janvier et le 13 novembre 2015.

Du même auteur

Le prix de la confiance, Eyrolles, Paris, 2013

Les 7 clés du leadership, Philippe Wattier (dir.), éditions de l'Archipel, Paris, 2010

Les Patrons sont morts… Vive les patrons : les enjeux de la réputation de l'entreprise, Alban éditions, Paris, 2009

La nouvelle parole de l'entreprise : essai sur le marketing social, Médialivre, Paris, 2005

Regards sur l'avenir des jeunes, éditions GT, Paris, 2003

Au nom des autres : dis-moi qui est ton DRH, je te dirai quel président tu fais, éditions LPM, Paris, 2001

Table des matières

Préface

par Matthieu Ricard

J'ai rencontré Didier Pitelet en 2014 lorsqu'il m'a demandé d'apporter mon témoignage dans le cadre d'une convention pour les dirigeants de la SNCF qu'il organisait sur le thème de la confiance, inspirée de son précédent ouvrage, *Le Prix de la confiance (Eyrolles, 2013)*.

De cette rencontre, je retiens la volonté de placer l'humain au cœur de la vision de l'entreprise, de favoriser la coopération, la solidarité, l'esprit d'équipe et la confiance. Malheureusement, dans la société actuelle, la confiance a diminué pour toutes sortes de raisons. Il y a cinquante ans, un sondage d'opinion effectué en Amérique du Nord et en Europe par l'entreprise Gallup soulignait que 60 % des gens faisaient, *a priori*, confiance à autrui. Ce chiffre est tombé à 30 % aujourd'hui. Le manque de confiance est délétère et endommage les rapports humains.

La culture d'entreprise, c'est le miroir même de l'entreprise, ce qui la rend unique et ce qui motive – ou démotive – ses équipes. Si l'on entre souvent dans une entreprise pour y trouver un emploi, on y reste pour sa culture.

Pour donner deux exemples quelque peu inhabituels mais révélateurs, deux entrepreneurs que j'ai rencontrés, Ricardo Semler et Dieter Paulman, l'un Brésilien, l'autre Allemand, ont eu la même idée : faire confiance à leurs employés et collaborateurs afin d'engendrer une culture au sein de laquelle tous soient non seulement heureux de travailler mais également désireux d'honorer la confiance qui a été placée en eux. Ricardo transforma l'entreprise dont il avait hérité de son père tandis que Dieter fonda une entreprise de travail temporaire. Ricardo a annoncé à ses employés (l'entreprise comptait alors quatre mille personnes) qu'ils pouvaient fixer eux-mêmes le montant de leur salaire et la durée de leurs vacances. Il a ajouté : « Bien sûr, nous sommes tous dans le même bateau. Si vous n'êtes pas raisonnables, nous ferons naufrage et nous retrouverons tous sans emploi. » La confiance s'est instaurée sans difficultés. Chacun a jugé raisonnablement quel était le salaire qui correspondait à ses capacités. L'entreprise a prospéré et Ricardo en a fondé plusieurs autres reposant sur le même principe, tout en utilisant les bénéfices résultant de sa prospérité pour fonder des écoles. Quant à Dieter, il décida de payer ses employés mieux que ne le faisaient les entreprises concurrentes et leur annonça qu'il n'y aurait pas de système de contrôle du travail des uns et des autres. Chacun devait faire de son mieux dans un climat de confiance. L'entreprise devint l'une des plus prospères du pays et, en vingt ans, quasiment personne ne la quitta, si ce n'est pour des raisons de santé, familiales ou autres contingences personnelles. Ces deux entrepreneurs ont réussi à créer une culture constructive, bénéfique à tous.

L'extrême opposé est illustré par l'entreprise Enron, qui connut une faillite retentissante en raison de multiples malversations : le président d'Enron, Jeffrey Skilling – à présent sous les verrous – instaura une compétition acharnée au sein de son entreprise. Il institua notamment une commission d'évaluation interne entre collègues, sommés de se juger mutuellement. Puis il congédiait tous ceux qui obtenaient un faible score. Jusqu'à 20 % des employés passaient ainsi à la trappe chaque année, non sans avoir été préalablement humiliés via un site Internet sur lequel on brossait d'eux un portrait peu flatteur. Pour pouvoir survivre dans le monde d'Enron, il fallait donc s'acharner sur ses collègues ! Exemple à ne pas suivre…

Il me semble ainsi que l'on peut dégager trois éléments constructifs dans la culture d'une entreprise :

- l'incarnation du leadership ;
- la capacité à créer de la confiance ;
- la capacité à vivre l'altruisme.

Tout d'abord, le leadership. Un vrai leader doit être en premier lieu au service de l'entreprise, des humains qui la composent et de la société dans laquelle elle évolue. Un leader qui incarne cet idéal peut susciter l'enthousiasme et la pleine collaboration de son équipe. Une étude, menée au sujet de plusieurs centaines de leaders dans le monde entier, a montré que les leaders les plus admirés étaient ceux qui avaient une vision très vaste et qui, sur le plan personnel, conservaient une certaine humilité. Un leader doit ainsi incarner les principes qu'il prône. Le messager devient le message.

Il y a bien sûr des patrons qui sont momentanément efficaces au prix d'actes de dureté, d'un manque d'empathie, et qui réussissent à tirer leur épingle du jeu. Mais, le plus souvent, les choses tournent à l'aigre : désengagement des salariés et des managers intermédiaires, cas de *burnout* (qui peut affecter les dirigeants aussi bien que ceux qui travaillent avec eux), risques psychosociaux, etc. Ces leaders froids – on a même parlé de « psychopathes en cravate » – génèrent des frustrations qui s'accumulent et pourrissent l'entreprise.

Aujourd'hui, beaucoup de gens se plaignent des mauvaises conditions qui prédominent souvent sur les lieux de travail. Parmi les causes de leurs difficultés – qui peuvent mener à l'« épuisement professionnel », au *burnout* –, ils mentionnent fréquemment le manque de contrôle sur leurs activités, les conflits de valeurs, les sentiments de frustration, le doute sur leurs propres capacités, l'agressivité et la colère, et le fait que les frontières entre leurs responsabilités et celles d'autrui sont souvent mal définies. En particulier, un *burnout* se met en place lorsque les employés ont l'impression que leur mission est définie de manière trop étroite et que l'on ne donne pas suffisamment de place à leur créativité. En conséquence, leurs capacités ne peuvent pas s'exprimer au mieux parce qu'ils n'ont pas la liberté de réfléchir, de créer, d'innover. Ils en viennent parfois à culpabiliser et à penser que c'est eux qui ne sont pas à la hauteur de la situation, alors que c'est bien leur environnement qui est contre-productif.

Chez Google, à Mountain View en Californie, les employés peuvent utiliser 25 % de leur temps pour mener à bien un projet créatif de leur choix. Ce n'est pas pour rien que Google est aujourd'hui à la pointe de l'innovation dans de multiples domaines. Selon les enquêtes d'opinion, Google est l'une des entreprises américaines où l'on a le plus de plaisir à travailler. Les gens y travaillent beaucoup mais les conditions sont excellentes : à dix heures du matin vous pouvez croiser quelqu'un en maillot de bain avec une serviette sur l'épaule qui va faire un plongeon dans la piscine du campus. On peut venir avec son chien si on le souhaite. De la nourriture bio gratuite est disponible tous les cent mètres. De ce fait à la fin de la journée, le plaisir de travailler n'est pas diminué.

En général, une activité devient plaisante si elle n'est ni trop ardue ni trop facile : on entre alors dans ce que le psychologue Mihály Csíkszentmihályi appelle le « flux » ou la « fluidité » (« *flow* », en anglais). Pour entrer dans ce flux et le maintenir, il faut que la tâche mobilise toute notre attention et forme un défi à la hauteur de nos capacités : si elle est trop difficile, la tension s'installe, puis l'anxiété ; si elle est trop facile, on va se relâcher et vite s'ennuyer. Dans la plupart des cas, cette fluidité est ressentie comme une expérience très satisfaisante. La prise en considération de l'expérience du flux a permis, dans de nombreux cas, d'améliorer les conditions de travail dans les entreprises (voir l'exemple de Volvo en Suède, notamment).

Comment faire ? Au sein d'une entreprise, il faut promouvoir une coopération inconditionnelle, un véritable esprit d'équipe. Pour ceux qui pensent que la compétition intra-muros est efficace, rappelez-vous l'exemple d'Enron. Toutes les études sociologiques portant sur les conditions de travail dans l'entreprise montrent que si la compétition est saine dans un marché ouvert entre firmes concurrentes, au sein de l'entreprise, une compétition permanente est contre-productive. Il a aussi été montré que les entreprises où il fait bon travailler sont, en moyenne, plus prospères que les autres.

Pourquoi ? Si vous naviguez sur un bateau, la meilleure chose à faire pour réussir la traversée de l'océan, c'est de coopérer au mieux de vos capacités. La coopération implique la confiance, le respect de l'autre, la reconnaissance de ses qualités, la bienveillance et l'ouverture pour offrir à chacun un espace dans lequel il pourra exprimer ses capacités et sa créativité. Il faut aussi un partage des connaissances et une bonne circulation de l'information. Il importe également de minimiser le poids des strates hiérarchiques, qui empilées les unes sur les autres sont un frein naturel à la confiance, à l'empathie et à la créativité.

Frédéric Laloux, qui fut l'une des jeunes stars de McKinsey, décida de voler vers de nouveaux horizons et d'étudier les entreprises « horizontales » qui s'auto-organisent et ont aboli toute forme de hiérarchie verticale. Dans son ouvrage *Reinventing organizations* (Diateino, 2015), il donne de multiples exemples de telles entreprises qui ont prospéré au-delà de toutes espérances et prédictions.

Mais pour être un membre responsable d'une communauté fondée sur la confiance, il faut aussi que nous cultivions nous-mêmes les qualités que nous souhaitons trouver chez les autres. C'est l'affaire de l'entraînement de l'esprit. C'est bien avec notre esprit que nous avons affaire du matin au soir. C'est lui qui détermine la qualité de chaque instant qui passe. Notre esprit et notre conscience traduisent en bien-être ou en mal-être des circonstances extérieures. Tout le monde sait que l'on peut être misérable dans un petit paradis et garder sa joie de vivre même dans l'adversité. Il est donc très précieux de cultiver les ressources intérieures qui permettent de gérer les hauts et les bas de l'existence.

Maîtriser notre esprit, ce n'est pas l'emprisonner dans un carcan. C'est, à la manière d'un marin qui prend la barre de son bateau et navigue dans la direction désirée, faire en sorte que notre esprit ne soit pas emporté par des flots de pensées sauvages, de distractions, de ruminations inutiles et malsaines. Il importe que notre esprit soit flexible, ouvert et équilibré, et que nous ayons les bonnes émotions, au bon moment, au niveau approprié, pour que les rapports humains soient constructifs et bienveillants.

L'usage de la « pleine conscience » est de plus en plus répandu dans le monde de l'entreprise. Cette technique vise à nous rendre plus attentifs et lucides envers nos pensées, nos sensations, nos émotions et nos réactions, afin d'éviter que nous tombions dans des modes de pensée automatiques et des comportements indésirables ou toxiques. C'est à Jon Kabat-Zinn que l'on doit l'introduction de la pratique de la pleine conscience dans le monde hospitalier, il y a plus de trente ans. Depuis, la « réduction du stress par la pleine conscience » (*mindfulness based stress reduction* ou MBSR) a été enseignée avec un succès considérable dans des centaines d'hôpitaux dans le monde.

Aujourd'hui, la pratique de la pleine conscience se fait également dans l'entreprise. L'une des plus grandes multinationales du monde de l'investissement, BlackRock, compte par exemple 1 200 employés qui pratiquent régulièrement la pleine conscience. Selon eux, l'atmosphère au sein de l'entreprise s'est manifestement humanisée.

L'étude menée par Sébastien Henry (voir son livre *Ces décideurs qui méditent et s'engagent*, Dunod, 2014), qui fut lui aussi en son temps chef d'entreprise, montre que la vaste majorité des responsables ayant adopté la pratique de la pleine conscience affirment qu'ils ont acquis un meilleur jugement qui leur permet de prendre des décisions de façon plus posée et plus sage. Ils notent aussi l'amélioration de leurs relations avec les autres.

Correctement pratiquée, la pleine conscience favorise naturellement l'essor de la bienveillance. Toutefois, alors qu'elle fait ainsi son entrée dans le monde de l'entreprise, afin d'éviter tout risque de l'utiliser comme un simple outil pour augmenter sa concentration afin d'atteindre des objectifs éthiquement discutables (on pourrait imaginer un sociopathe sans merci se servant de la pleine conscience pour mieux parvenir à ses fins égoïstes), l'intégration d'une composante altruiste – dans ce qui pourrait être appelé « la pleine conscience bienveillante » – pourrait offrir un moyen très puissant et purement laïque de cultiver la bienveillance, de promouvoir la qualité du lien social au sein de l'entreprise et de développer, en général, une société plus altruiste.

Comment faire pour inclure cette pleine conscience bienveillante dans la culture d'entreprise ? Il est indispensable de prendre un peu de temps pour la cultiver, idéalement quinze à vingt minutes chaque matin. En plus de cela, Chade-Meng Tan, l'un des premiers ingénieurs embauchés par Google, propose une méditation de dix secondes chaque heure. Qui n'a pas dix secondes à sa disposition ? Pendant dix secondes, il s'agit de regarder autour de vous, dans la pièce, par la fenêtre ou dans la rue et – sans pour autant sauter au cou de ceux que vous rencontrez, ce qui pourrait vous attirer des ennuis ! – en posant le regard sur ceux que vous croisez, de souhaiter intérieurement : « Puisse cette personne être heureuse et en bonne santé ; puisse-t-elle s'épanouir dans l'existence et accomplir les aspirations qui lui sont chères. »

L'expérience montre que si vous faites cela pendant dix secondes, les effets bienfaisants se poursuivront bien au-delà de ces dix secondes. C'est un peu comme un flacon de parfum : on l'ouvre, on le referme et le parfum flotte dans l'air pendant un certain temps. Peu à peu, une sorte de lien invisible se crée entre ces périodes de dix secondes, d'heure en heure ; cela engendre une attitude qui se maintient et se nourrit au fil de la journée.

Je participe depuis des années à des programmes de recherche en neurosciences qui portent sur les effets de l'entraînement de l'esprit sur le cerveau – non seulement chez des « méditants » qui ont fait 50 000 heures de méditation, mais aussi chez des personnes qui ont pratiqué vingt minutes par jour pendant un mois – et ont observé des changements fonctionnels et structurels dans le cerveau, ainsi qu'un renforcement du système immunitaire.

La culture d'entreprise est la somme de ces postures et de ces considérations qui font du « vivre ensemble » le postulat de l'épanouissement de chacun. Toutefois, une culture d'entreprise n'a de sens que si elle est vécue et ne se limite pas à un exercice de communication. Au sein de l'entreprise, comme dans notre vie personnelle, il est donc essentiel d'engendrer une « spirale vertueuse ascendante », fondée sur la confiance et la bienveillance. C'est ainsi que l'on peut favoriser le triple accomplissement de la prospérité de l'entreprise, de notre propre bien-être et de celui d'autrui.

Matthieu Ricard

Docteur en génétique cellulaire, moine bouddhiste tibétain
et fondateur de Karuna-Shechen

Petites pensées qui parlent au cœur

Parler de mutations et de transformations du monde du travail est désormais un euphémisme : le monde ne change pas, il a changé ! Celles et ceux qui campent encore sur la rhétorique du changement n'ont tout simplement pas intégré le changement. La France semble depuis quinze ans figée dans le refus d'un « autre monde », plus ouvert, plus transversal, et bloquée davantage dans des postures que dans des convictions – contrairement à nombre d'autres pays qui se montrent plus agiles et plus ouverts, à commencer par ces pays que l'on qualifiait jadis de « pays en développement » et qui, aujourd'hui, font montre de fortes croissances.

Les « Trente Piteuses » ont eu un double effet parallèle en France : la déliquescence du lien citoyen et du lien social en entreprise ; le point commun caricatural est l'effet conjugué de l'absence de vision, de l'absence de reconnaissance et d'un déclin culturel. La porosité du lien citoyen et du lien social est telle que le mal-être est devenu une caractéristique de la France, qui est montée sur la deuxième place du podium des pays les plus pessimistes[1].

---

1. Source : étude BVA-WIN, décembre 2014.

L'accélération de la prégnance des marchés financiers et son influence sur les modèles de gouvernance et de biorythme des entreprises ont eu des incidences sans précédent sur le « vivre ensemble » des entreprises ces vingt dernières années : crise de confiance inédite, rejet des modèles de management *top-down*, explosion des facteurs de risque (stress, risques psycho-sociaux, burnout, clivage net entre le modèle des grands groupes et celui des ETI/PME, mutation des liens entre entreprise et génération Z…). Aujourd'hui, il ne s'agit pas seulement de se projeter dans l'avenir mais d'inventer un nouveau lien social cohérent avec le nouveau monde et ses « nouveaux êtres humains », avec pour objectif de définir les composantes propres à chaque entreprise de la relation de confiance qu'elle veut garantir.

La déshumanisation des organisations (réelle ou ressentie) interroge sur le sens même du travail, de l'esprit d'entreprise, de la fierté d'appartenance, de l'association entre projet individuel et projet collectif…

La mise en perspective proposée dans ce livre aborde des sujets qui sont autant de défis humains : la génération Z ou l'arrivée des « mutants » dans le monde du travail ; l'organisation du travail (décentralisation du travail et management) ; la culture d'entreprise comme levier du changement ; la confiance ; la reconnaissance de l'improvisation comme levier d'agilité des entreprises ; la conjoncture (conséquences du départ à la retraite des *baby-boomers*) ; la digitalisation des relations en entreprise.

Mon expérience du vécu en entreprise m'a convaincu que la clé de voûte d'un équilibre et d'une performance humaine à reconquérir passe par la (re)conquête de la culture d'entreprise. Dans la majeure partie des cent cinquante à deux cents tables rondes que nous animons chaque année dans le monde entier avec mes équipes, la question du « pourquoi » revient sans cesse : « Nous ne savons plus à quoi nous servons… » ; « Pour quoi agissons-nous ? » ; « Nos managers semblent éloignés de nous… »

La France, avec sa rigidité et l'archaïsme de son dialogue social, tient une place à part dans le monde économique ouvert que nous connaissons aujourd'hui. Mais, quitte à tordre le cou à certaines idées reçues, je ne crois pas que les Français soient plus malheureux que les autres, loin s'en faut. En revanche, il est clair que notre économie, sous la pression d'un paritarisme désuet et d'un état omnipotent, s'est sclérosée en entraînant dans sa chute le sens de l'adhésion collective, du partage et de l'ascenseur social.

En balayant certaines des sources à l'origine des maux actuels, en forçant parfois le trait, je me suis efforcé de prouver qu'il y a des alternatives à la tartufferie de certains modèles, que le bonheur au travail est un droit fondamental qui se gagne et se mérite, et que l'entreprise peut revendiquer d'être culturellement discriminante… Mais pour que le lecteur ne soit pas que lecteur, je lui fais partager sept défis humains à relever pour faire de sa culture d'entreprise une vraie source de fierté !

Et si la culture d'entreprise redevenait le bien le plus précieux à partager ?

Votre dévoué.

Chapitre 1

Osons balayer devant nos portes : Trente Glorieuses, Trente Piteuses, Trente Chamallows

Les images terribles de violence et de quasi-lynchage de deux dirigeants d'Air France le 5 octobre 2015 ont une fois encore, après les taxis et autres grèves violentes à répétition qui ternissent l'image de notre pays, soulevé dans le petit monde médiatico-politique la question du dialogue social qui, selon la plupart des commentateurs avisés, est en panne. Même si l'émotion suscitée par ces actes de barbares est intense, il faut raison garder en mettant en perspective ces cas médiatisés et la vie dans les 3,7 millions d'entreprises de France. Dans la très grande majorité d'entre elles, le climat social est excellent.

Il n'en est pas moins vrai que depuis une dizaine d'années, le sentiment diffus d'un climat délétère sévit ; derrière l'obsolescence de nos organisations et des modes de pensée de certaines élites, l'incapacité à mener les réformes sociales et constitutionnelles nécessaires pour faire enfin entrer le pays dans le XXIe siècle, force est de constater que le fond du problème est culturel. Culturel sur le plan social, culturel sur le plan économique, culturel sur le plan sociétal, culturel aussi sur le plan environnemental. Pour comprendre les distorsions actuelles et les enjeux qui vont de pair, il est important de replonger quelques années en arrière : si les Trente Glorieuses furent celles de la reconquête, de la reconstruction, de la transformation d'un pays exsangue en la cinquième puissance mondiale, les années qui suivirent, après le premier choc pétrolier de 1973, furent celles de tous les abandons. Cette lecture, si elle comporte une part de vérité, appelle néanmoins quelques précisions. Une analyse lucide des événements qui composèrent les années que l'on nomme les « Trente Piteuses » permet de déceler les germes de ces abandons dès les trois décennies qui les précèdent et vont de 1946 à 1975.

Car les Trente Glorieuses n'ont pas fait que modeler le paysage français. Elles n'ont pas fait que construire des autoroutes (adoption de la loi portant statut des autoroutes de 1955), développer l'industrie et le commerce (création du premier hypermarché Carrefour en 1963), lancer les grands chantiers industriels et scientifiques que furent le Concorde (traité de coopération franco-britannique de 1962), Airbus (créé en 1966), le programme spatial français (création du Cnes en 1961) ou le TGV (création du projet C03, ancêtre du TGV, en 1966), pour ne citer que ces quelques exemples. Elles ont aussi structuré durablement le paysage social et donc économique du pays, en introduisant un fait nouveau : le paritarisme.

Instauré par la loi du 19 octobre 1946 portant sur le statut de la fonction publique, ce mode de gestion répondait à l'époque à un souci de concorde nationale, en permettant à tous les acteurs de la Résistance (notamment les organisations syndicales et, plus largement, le parti communiste) de peser sur les choix concernant le présent des travailleurs du pays, une récompense pour « services rendus », en quelque sorte. Il faut reconnaître qu'il permit de dépasser la période 1946-1950 où malgré les besoins, la France ne connut pas de croissance en raison d'infrastructures obsolètes. En faisant le choix, durant cette période, d'une économie administrée en y associant les partenaires sociaux, le pouvoir politique parvint à museler le PCF alors puissant. De fait, le PCF et son alliée la CFT condamnèrent les grèves au nom de la « bataille de la production » qu'il fallait gagner, selon les mots de Maurice Thorez. Mais ce faisant, le pouvoir introduisit une approche politisée du domaine économique. Plus grave, on peut penser que le général de Gaulle et les instances au pouvoir choisirent un référent du passé (la guerre) pour traiter une question du présent (la reconstruction) en négligeant l'avenir.

Ce choix du paritarisme, s'il peut s'expliquer par les circonstances, n'en est pas moins l'un des freins actuels à la dynamique des entreprises, en ceci qu'il favorise les affrontements idéologiques au sein même des instances de décision en les paralysant, chacun campant sur ses positions. En outre, dans un pays où la représentativité syndicale est des plus faibles (environ 7 % de travailleurs sont affiliés à une organisation syndicale, soit environ 1,7 million de syndiqués sur une population de 22,5 millions de salariés), le paritarisme s'est peu à peu transformé en une manne financière à disposition des organisations syndicales, que les seules cotisations seraient bien en peine de fournir. Dès lors, le risque est grand d'en oublier l'action pour le bien commun au profit de la défense de ses intérêts.

Et les exemples ne manquent pas pour le confirmer. Le travail du dimanche et du soir est régulièrement empêché, par une succession de fermetures judiciaires obtenues par les syndicats. Ce fut notamment le cas pour le parfumeur Séphora sur les Champs-Elysées, contraint de fermer à 20 heures, contre la volonté des salariés, qui allèrent même jusqu'à porter l'action en justice pour faire plier les syndicats responsables de l'interdiction ! Fermeture imposée également le dimanche pour les enseignes de Bercy Village, détruisant au passage deux cents emplois avec l'aval de la Mairie de Paris. Il y eut encore la condamnation de l'enseigne de bricolage Bricorama par la cour d'appel de Versailles (jugement du 12 février 2015) à 500 000 euros d'astreinte pour n'avoir pas respecté une décision de justice lui interdisant l'ouverture dominicale. Et l'on se souvient des cris d'orfraie de ces mêmes syndicats lors du vote de la loi Macron qui autorise l'ouverture des magasins douze dimanches dans l'année contre cinq actuellement… sous réserve de l'accord de l'intercommunalité. Il est cocasse de noter l'acharnement des syndicats, qui revendiquent tous le caractère laïque de leur structure, à défendre à ce point le Jour du Seigneur.

Il y eut enfin l'échec des négociations sur la fusion des instances représentatives actuelles (délégué du personnel, comité d'hygiène, de sécurité et des conditions de travail, comité d'entreprise, entre autres) en une seule, refusée au seul motif de la crainte d'une perte de subsides de la part des syndicats. Ou encore la cacophonie de la conférence sociale d'octobre 2015. La réalité du paritarisme à la française offre une mascarade entre des obédiences centrales dépassées par les enjeux de l'époque et les attentes de la population.

Le paritarisme à la française s'est donc mué peu à peu en un mauvais système qui arrange tout le monde, sauf ceux qu'il impacte. Les partenaires sociaux contrôlent ainsi leurs intérêts et les rentes qu'ils tirent du système en refusant tout changement qui pourrait les remettre en cause, fût-il favorable au reste de la population ; et les pouvoirs publics trouvent là un moyen bien commode de se défausser sur les partenaires sociaux pour justifier leur inertie. Sans parler des libertés prises par ces partenaires sociaux avec la loi, comme le rappellent les conclusions du tribunal de grande instance de Paris réuni le 10 mars 2015 dans l'affaire opposant notamment l'Union des familles pour les retraites aux régimes Arrco et Agirc mais également au Medef, à la CGPME, à l'UPA, à la CFDT ou encore à FO-Cadres, entre autres. Ces régimes de retraite avaient signé un accord conventionnel portant sur la diminution des bonifications Agirc des cadres retraités. Sans porter de jugement sur le fond, on s'étonnera de la légèreté des partenaires sociaux qui ont cru pouvoir violer la constitution dans cette affaire.

Ce qui ressort de tout ceci, et c'est malheureusement vrai pour toutes nos élites, c'est la rupture qui existe entre ce qu'il faut bien finir par appeler une « caste » et le reste de la population. Une rupture de sens, une rupture culturelle ! À droite, à gauche, au patronat comme chez les syndicats, chacun dans sa répartition des rôles est devenu un expert éloigné de fait de la vraie vie et du bon sens ! On nous gave de chamallows ! Or, une telle étroitesse de vue et de telles pratiques, si elles sont préjudiciables de tout temps, deviennent suicidaires lorsque la crise survient et que des décisions difficiles, allant à l'encontre des idées reçues, sont à prendre.

L'erreur majeure des Trente Glorieuses fut donc de ne pas anticiper l'avenir, de n'avoir pas de vision. Celle-ci aurait peut-être permis d'établir un plan avec des échéances, tant sur les objectifs à atteindre que sur les modalités d'organisation. Il aurait fallu avoir le courage de fixer un terme dans le temps au paritarisme, qui aurait dû rester un moyen temporaire pour revenir à niveau et non devenir un modèle organisationnel. Lorsque entre octobre 1989 et octobre 1990 fut conduit le processus de réunification allemande, il y eut un plan clairement établi, prenant certaines situations à bras-le-corps, en n'hésitant pas à courir le risque de mécontenter l'opinion. Mais il est loin le temps de Clemenceau qui affirmait : « Il faut savoir ce que l'on veut. Quand on le sait, il faut avoir le courage de le dire. Quand on le dit, il faut avoir le courage de le faire. » La France des Trente Glorieuses n'eut pas ce courage. Elle n'a pas su assurer la transmission. Pire, elle n'a fait que renforcer le paritarisme au fil des lois successives[2]. Peut-être aurait-il fallu pour cela un dirigeant qui ne fût pas un homme du XIXᵉ siècle,

---

2. Ainsi, l'ordonnance Jeanneney du 21 août 1967 sur la Sécurité sociale introduisit-elle les représentants patronaux dans les instances de gestion.

avec tout ce que cela comporte de qualités mais aussi de défauts, tout au moins de vision obsolète de la place de la France dans le monde. Aussi curieux que cela paraisse, notre pays, qui par ses inventions notamment dans les transports et les télécommunications a contribué à l'émergence de la globalisation, fut l'un des plus mal préparés aux conséquences de cette mondialisation. D'où cette arrogance française qui semble penser que ce n'est pas à notre pays de s'adapter au monde mais au monde de se forger à notre image.

Le choc pétrolier de 1973 fut le début d'une série de coups de semonce qui prouvèrent l'inadéquation de notre pays aux nouvelles réalités. Et il faut bien reconnaître que nos élites politiques ne furent pas à la hauteur de ces défis, un manque de « vista » renforcé donc par des institutions inadéquates. S'ajoute à cela le mythe français de l'« homme providentiel », du monarque républicain qui, de François Mitterrand à François Hollande en passant par Jacques Chirac, a servi d'illusion avant de nourrir les désillusions.

Il y eut une incapacité à réinventer un modèle, en pensant que le système paritaire hérité de 1946 était *le* modèle indépassable. Tandis que le monde changeait, que la guerre froide prenait fin, que les pays émergents montaient en puissance, nos élites n'évoluaient pas. Elles furent comme le fabricant de bougie qui ne comprit pas l'arrivée de l'ampoule et disparut avec elle, alors qu'il était avant tout un professionnel de l'éclairage et en cela, susceptible d'adapter son modèle aux temps nouveaux. Ce nouveau monde, non seulement le personnel politique ne l'anticipa pas, mais parfois il le combattit, à l'image de François Mitterrand, encore lui, qui refusa l'inéluctable réunification allemande au nom d'une vision passéiste.

Et face au marasme, face à la crise, comme en toute entreprise humaine, lorsque la déréliction est à l'œuvre, ce sont les mauvais instincts qui prennent le dessus. Non contentes de ne pas être à la hauteur des enjeux, nos élites abandonnèrent l'un des seuls remparts qui subsistaient : celui de l'éthique. Les années 1980, le cœur des Trente Piteuses, virent la montée du cynisme et de la démagogie par rapport à l'humain. Ces mauvais réflexes furent encouragés par l'émergence de l'individualisme. Cette philosophie consistant à privilégier les droits et l'autonomie des individus plutôt que ceux des groupes était une évolution nécessaire tant que la « vertu », selon le mot de Montesquieu, demeurait le principe républicain par excellence. Mais comme l'analysa justement Joël Roman[3], l'individualisme cynique fut considéré à l'orée des années 1980 comme l'expression de l'authenticité. Le cynisme prit les atours d'une nouvelle éthique, d'une lucidité face aux mensonges que le pouvoir, la société, les institutions tentaient de nous faire avaler. Et du cynisme à l'égoïsme, il n'y eut qu'un pas que la société n'hésita pas à franchir.

Pourtant, les Trente Glorieuses avaient insufflé une vraie dynamique humaine, en initiant une véritable réflexion sociologique sur la place de l'homme dans l'entreprise, notamment. Ainsi naquit, au début des années 1960, d'abord au Japon, le concept des cercles de qualité, une nouvelle façon d'intégrer les acteurs de l'entreprise dans l'élaboration de l'organisation du travail. Fondés sur la reconnaissance de la compétence de ceux qui effectuent une tâche, les cercles de qualité associent ces salariés en leur demandant de faire preuve de créativité pour améliorer la qualité au sein de leur entreprise. *Reconnaissance. Créativité.* Ces deux mots mis à l'honneur durant les Trente Glorieuses vont peu à peu disparaître du vocabulaire d'un trop grand nombre d'entreprises. Pas toutes, heureusement, nous y reviendrons. Certes, la grande différence entre le monde post-guerre et le monde post-choc pétrolier, c'est l'émergence de la crise, avec le vent de panique qu'elle fit (et fait parfois encore) souffler. Mais la crise n'explique pas tout. Rien n'interdit d'être humain, y compris en temps de crise. Le bon sens commanderait même que ce

---

3. Joël Roman, *La Démocratie des individus*, Calmann-Lévy, 1998.

soit précisément en temps de crise que l'on se doive de l'être. Le film de Stéphane Brizé intitulé *La Loi du marché*, sorti en 2015 et mettant en scène un chômeur quinquagénaire (Vincent Lindon) aux prises avec les difficultés du marché de l'emploi, s'ouvre d'ailleurs quasiment par cette réplique fondatrice : « On ne joue pas avec les gens. »

Tout démontre pourtant qu'à l'orée des années 1980, on décida de « jouer avec les gens ». Il n'est pas superflu de rappeler que ces années coïncident avec l'installation du grand casino planétaire que fut la mondialisation financière. La prégnance des marchés financiers, ce qu'on appelle à présent la « financiarisation de l'économie », conduisit dans ces années à la désindustrialisation et à la déshumanisation, à la recherche du rendement maximal via le « tout process » et au gré des modes managériales. Car la crise des années 1980 s'accompagne d'un culte nouveau voué à l'argent. Ce sont les années Tapie, les années du boum des Bourses. De l'argent, vite, tout de suite et – pourrait-on ajouter – par n'importe quel moyen. Personne, et surtout pas les politiques, ne sut résister à ce maelström. Et, en acceptant ce mouvement, les décideurs furent les fossoyeurs du seul élément qui aurait pu contrer l'atomisation de la société en individus préoccupés par leur seul intérêt : le lien social et républicain.

Quand on songe que 50 % des ménages ne payent pas d'impôt sur le revenu (dont les retombées leur profitent pourtant), alors même que l'impôt est au cœur du pacte républicain et démocratique… Bien sûr que l'impôt se doit d'être progressif, et que les plus riches doivent contribuer à hauteur de leurs revenus ! Mais comment s'étonner du développement du discours anti-impôt qui risque de se transformer en discours anti-républicain quand seule la moitié des ménages est forcée de s'en acquitter ?

La France était régie jusqu'alors par un système de relations fondé sur l'égalité pondérée par le mérite. Le meilleur exemple en était la méritocratie scolaire à la française, qui permettait à chacun d'espérer s'élever et sortir de sa condition via l'ascenseur social qu'était l'école. Les mérites étaient reconnus et admis, quelle que soit l'origine sociale ou culturelle. Puis arriva ce fameux slogan : « 80 % d'une classe d'âge conduite au bac ». Certes, on peut admettre la générosité du postulat, s'il s'était agi d'offrir à ces 80 % les moyens de parvenir à l'excellence scolaire. Hélas, comme tout programme politique, celui-ci se changea rapidement en promesse que le pouvoir ne pouvait décevoir. Et comme on ne peut élever le niveau de 687 000 candidats (chiffres de 2014) d'un claquement de doigts, on abaisse le niveau de l'examen afin d'afficher, toujours en 2014, un taux de réussite de 87 % toutes filières confondues, et elles sont nombreuses. Car la deuxième astuce pour parvenir au chiffre magique a consisté au fil du temps à multiplier les filières et les dénominations, entre bac général (L, ES et S), bac pro (86 dénominations différentes) et bac technologique (huit séries). On voit comment le bac, outil de reconnaissance et de lien au sein de la société, s'est peu à peu transformé au point d'en perdre toute lisibilité et toute valeur. Parce que le paradoxe français, qui confine à la schizophrénie, est de célébrer l'augmentation régulière du nombre de bacheliers et de déplorer avec la même constance la baisse du niveau, attestée par les enquêtes internationales de type PISA…

Cette situation est une injure à l'avenir du pays puisqu'on y constate un nivellement par le bas, un affaissement dramatique de la connaissance ; mais pire, elle est une injure à la population puisque les élites lui mentent en offrant à sa jeunesse un diplôme dont elles dissimulent la valeur réelle (à lire : *La Fabrique du crétin*, de Jean-Paul Brighelli[4]). Ne pas investir durablement sur l'intelligence des générations futures, c'est creuser la tombe de l'ambition.

---

4. Jean-Paul Brighelli, *La Fabrique du crétin : la mort programmée de l'école*, Folio Documents, 2006.

À cela se sont ajoutées deux décisions dramatiquement liées face à la dynamique collective et sociale : les 35 heures d'une part, qui ont failli détruire la valeur travail (fortement remise en avant aujourd'hui, nous y reviendrons) et le non-remplacement du service militaire par un service citoyen, garant d'un lien républicain entre toutes les composantes de la nation. « Liberté, Égalité, Fraternité », cette devise ne devrait pas être uniquement gravée sur les frontons mais aussi dans les cœurs ! Même si cela semblera simpliste à certains, ces deux décisions dogmatiques ont accéléré le chaos culturel actuel. La crise du lien social est aussi le fruit de politiques d'urbanisme menées sans réflexion et ayant conduit à la création de ghettos, de poches, de zones facilitant l'émergence de communautarismes qui sont autant de résistances à la communauté nationale. Ce développement d'abcès communautaires est, on peut le remarquer, concomitant de la montée du FN, dont les scores sont passés d'un résultat proche de zéro aux législatives de 1973 à 25 % des suffrages exprimés aux élections municipales de 2014. Pire, 36 % des 18/25 ans ont voté pour Marine Le Pen en 2012 ! Cette poussée s'explique en partie par la victoire d'une approche cynique (encore) du jeu politique durant la période courant du milieu des années 1980 à nos jours, approche initiée par la gauche pour siphonner une partie des électeurs de la droite dite « républicaine ».

Les comportements contraires à l'éthique ne sont, cela dit, pas l'apanage d'un camp. Droite et gauche confondues, la succession des affaires mettant en cause des hommes politiques a causé un grave préjudice à la cohésion nationale : affaire de la Société Générale (1980), affaire du Carrefour du développement (1986), affaire SORMAE-SAE (1986), affaire Pechiney-Triangle (1988), affaire Pierre Botton (1990), affaire des faux chargés de mission de la Mairie de Paris, affaire Schuller-Maréchal… La liste est longue, jusqu'aux affaires Cahuzac ou Thévenoud. Ces pratiques ont, par leur répétition, détruit l'idée fondatrice d'exemplarité. Pire, elles ont parfois donné l'idée d'une certaine impunité de la faute, les protagonistes des différentes affaires n'étant pas toujours, loin s'en faut, sanctionnés. Le peuple, persuadé que la devise de ses dirigeants était « faites ce que je dis, ne faites pas ce que je fais », a peu à peu mis en cause toute parole d'autorité, en développant une résistance « auto-centrée » sur le mode « après moi, le déluge ».

Cette défiance a d'autant plus grandi, parfois de façon injuste, que les Trente Piteuses sont aussi celles du développement exponentiel des médias et de leur emprise sur l'espace public. Avec lui, l'émergence du parti pris qui fait vendre, jetant facilement le bébé avec l'eau du bain et entretenant de fait un climat de suspicion généralisée. La ligne blanche est fréquemment franchie en recourant aux attaques personnelles comme le fait l'hebdomadaire *Marianne* en titrant « Le voyou de la République » sur une photo de Nicolas Sarkozy (n° 694 du 7 août 2010) ou *Valeurs actuelles* s'interrogeant sur François Hollande surnommé « Le roi fainéant » (n° 4052 du 24 juillet 2014). L'attaque politique a toujours existé mais ce ton « café du commerce » n'atteint pas que les personnes mises en cause, il décrédibilise la fonction, à une époque où 58 % des Français déclarent ne pas avoir confiance dans l'institution présidentielle (enquête Cevipof, vague 6bis, février 2015).

On constate d'ailleurs que le niveau de confiance diminue à mesure que l'institution s'éloigne du quotidien des gens. Si les Français semblent accorder du crédit aux élus de proximité, comme leur maire, ils n'ont aucune foi dans les instances de type gouvernement, Union européenne, ou les instances internationales type G20, dernières du classement.

Il est intéressant de noter qu'un sondage OpinionWay réalisé pour Agefos PME en 2013 auprès de jeunes de moins de 30 ans concernant leur image de l'entreprise obtient un résultat analogue. S'ils ont une bonne image des entreprises de taille moyenne (83 %) et des petites entreprises (88 %), les jeunes se montrent plus méfiants envers les très grandes structures (48 % d'opinion favorable contre 51 % d'opinion défavorable). La grande structure et son corollaire, la grande institution, avec l'éloignement supposé ou réel de leurs instances dirigeantes, sont aujourd'hui vécues comme des systèmes aristocratiques, coupés de la réalité quotidienne. On ne manque pas de s'étonner devant tel grand patron fraîchement nommé à la tête d'un grand groupe qui ne prend pas la peine de faire « la tournée des popotes » pour connaître ses troupes et se faire connaître d'elles. Lorsque cela s'accompagne de l'arrogance à la française qui voit nos élites continuer à donner des leçons au monde sans sembler pouvoir appliquer ces préceptes au sein de leur propre pays, on obtient la désillusion actuelle.

Les entreprises n'ont évidemment pas pu rester imperméables à ces changements. L'éthique a aussi été bafouée par certains grands patrons, qui n'assument pas leurs choix en les masquant derrière des déclarations pompeuses aussitôt démenties par leurs actes. Combien de promesses de « préserver l'emploi » se sont-elles soldées par des licenciements massifs ? Comment exiger, dès lors, la fidélité et la loyauté lorsque l'on n'est pas loyal soi-même ? Comment, lorsque l'on est un patron interchangeable, parfois mercenaire dans ses pratiques, exiger de l'engagement de la part de ses troupes ? Comment exiger l'excellence lorsque certains dirigeants échouent en empochant des parachutes dorés, à l'image de l'ex-patron de Carrefour, débarqué faute de résultats en encaissant au passage un million et demi d'euros, soit 85 ans de salaire au Smic de 2015 ? Comment comprendre également que la valeur boursière d'une entreprise augmente lorsqu'elle licencie une part de ses effectifs, à moins d'y voir une nouvelle forme du sacrifice humain ? Aujourd'hui, il semble que la société parvienne à un point de rupture, une société ne pouvant vivre sans éthique, sans une certaine quête de sens, comme en témoigne la recrudescence du sentiment religieux que l'on peut observer.

Cette absence d'éthique, ce « moi-je » permanent, cette dictature de l'instant ont brisé un continuum de valeurs héritées du passé. Ils ont effacé le lien entre le passé, le présent et l'avenir, ce lien que l'on nomme « culture ». La culture, dans l'entreprise, s'exprime de nombreuses façons : mode de gouvernance, actionnariat, nature des relations sociales. La financiarisation de l'économie qui a, entre autres, favorisé l'actionnariat nomade et pesé par ses exigences sur les modes de management, a fortement participé à la disparition de la culture des entreprises. C'est ce qui fait aujourd'hui la grande différence entre les grands groupes multinationaux assujettis à des fonds et les ETI familiales, au capital plus stable et revendiquant une vision globale et pérenne en affirmant leur culture propre. Les fonds de pension, principalement américains, qui investissent, n'ont pour objectif que la rentabilité à court terme ; du passé, ils n'ont cure ; de l'avenir, ils s'en moquent ; seul compte pour eux le présent.

Pourtant, être un grand groupe international n'empêche ni la cohérence ni le respect des salariés. « La stratégie doit être compréhensible par tous. Et les salariés veulent trouver du sens à leur travail au quotidien, on ne peut pas motiver uniquement sur la rentabilité. Ils se mobilisent aussi sur des projets de société », déclarait Franck Riboud, alors PDG de Danone dans un entretien au *Journal du dimanche* du 12 février 2010. La gouvernance de L'Oréal a su également maintenir une culture d'entreprise maison fédératrice. Mais ce sont des exceptions. La réalité est généralement tout autre, comme l'exprime Jean Peyrelevade : « Nous sommes entrés dans l'ère d'un capitalisme triomphant mais dissocié. Les dirigeants d'entreprise ne sont plus que les serviteurs des actionnaires dont ils poursuivent l'enrichissement : aucune autre préoccupation ne peut plus inspirer leur action[5]. » Le grand patron d'aujourd'hui n'est jugé que selon des critères de performance financière. Plus grave, il est jugé par les marchés selon le respect de ratios parfois arbitraires. Des

---

5. Jean Peyrelevade, *Le Capitalisme total*, Le Seuil, 2005, introduction.

entreprises ont été restructurées alors qu'elles gagnaient de l'argent. Pourquoi ? Simplement parce que certains ratios n'étaient pas obtenus.

Comment sortir de ces carcans ? Les pistes existent. L'une d'elles consistera à tenir compte des quotients de mobilisation et de fierté dans le calcul de la rémunération des dirigeants. La question RH devra être intégrée, en allant au-delà des actuelles incitations liées aux ratios financiers. La performance humaine ne se limite pas au rapport masse salariale/chiffre d'affaires. Des critères d'engagement, d'adéquation des salariés à l'entreprise devront être pris en compte. Les outils permettant d'avoir une vision qualitative du rapport d'une entreprise à ses salariés commencent d'ailleurs à voir le jour. Le site américain Glassdoor, dont la version française a été lancée en 2014, a repris le principe des avis cher à Airbnb ou TripAdvisor. Les salariés sont amenés à donner leur avis sur leur entreprise, sur la base d'un certain nombre de critères. Les discours d'intention des dirigeants vont donc peu à peu être confrontés à l'avis des salariés. À terme, des critères autrefois difficiles à estimer pourront être quantifiés et intégrés à la rémunération des grands patrons.

Mais plus qu'une photo à l'instant *t* du bien-être des employés, il faudra également intégrer des critères de durabilité. Une entreprise est un projet qui a vocation à durer, à s'installer dans le temps, à grandir. Ce n'est pas une grille de Loto que l'on remplit en espérant toucher immédiatement le gros lot, même si nombre de *startupers* se lancent dans l'aventure pour revendre trois ans plus tard. Certes, cet idéal du long terme va à l'encontre des intérêts des actionnaires de type *hedge funds* ou fonds de pension. Leur temporalité n'est pas la même. Mais s'ils veulent à l'avenir investir dans une entreprise et espérer limiter les risques, ils devront intégrer l'élément durabilité. Car le monde change aussi pour eux.

Le degré de cynisme est aujourd'hui tel qu'il va finir par engendrer une prise de conscience qui est déjà en marche *via* à la fois l'économie collaborative mais aussi ce qu'il convient de nommer la « démocratie digitale ». Nous devrions assister au grand retour de l'éthique dans les prochaines années, sous réserve bien sûr, de ne pas la gadgétiser. Les entreprises seront les premières à s'y engager si elles veulent en retour obtenir un minimum de loyauté à leur égard de la part de leurs salariés. Ironiquement, le cynisme a d'ailleurs initié lui-même cette révolution : la RSE, responsabilité sociale de l'entreprise, est en effet la réponse *soft* (on parle de *soft law*, « loi douce », librement choisie contre la *hard law* imposée par un État) des marchés financiers aux pressions de la société civile qui se sont multipliées suite à certaines affaires comme la faillite frauduleuse du géant Enron. Voyant que faire de l'argent de façon irresponsable et asociale créait des remous au sein de la société civile, alors même que se développaient de nombreuses ONG décidées à faire entendre leur voix, on créa la RSE, d'abord pour se donner bonne conscience. Aujourd'hui, la loi impose aux sociétés cotées en Bourse de publier leurs indicateurs RSE et développement durable dans leur rapport annuel.

On peut donc légitimement s'interroger sur la sincérité de la démarche, mais il n'en demeure pas moins que cela a fait progresser le sujet. Et pour les sociétés pratiquant le « *greenwashing* », c'est à dire l'« éco-blanchiment » de leurs actions, elles s'exposent au risque de voir dénoncé le décalage entre leurs paroles et leurs actes et de voir leur réputation profondément entachée. Si l'on poursuit le raisonnement du cynisme, on peut imaginer que les instances financières seront amenées à intégrer les nouveaux critères de sélection et de rémunération des dirigeants pour éviter d'embaucher le mercenaire sans foi ni loi risquant de provoquer des dégâts trop importants en terme d'image. Car qui dit mauvaise réputation dit, à terme, risque financier.

Certes, il faudra sans doute encore quelques années pour voir l'éthique retrouver sa place autrement qu'en paroles, mais les raisons d'espérer existent. Encore faudra-t-il en France, repenser la place de l'entreprise dans la société. D'autres pays l'ont fait où rien n'est envisagé sans la dynamique de l'entreprise. Il faudra cesser de voir l'entreprise seulement comme un lieu d'argent mais bien la penser comme créatrice d'équilibre et de lien social. Les politiques, incapables de gérer les RH de l'État français, se défaussent sur les entreprises en faisant peser sur elles des charges qui n'ont rien à voir avec leur objet. Ainsi, les allocations familiales financées par les taxes, relèvent clairement de la solidarité nationale et devraient de ce fait être financées par l'impôt. Au lieu de cela, les entreprises sont lestées de chaussures de plomb. Depuis 2011, 90 taxes ont été ajoutées à la corbeille déjà lourde des entreprises. Les prélèvements ont bondi de 36 milliards, atteignant le taux de 25,4 % de la valeur ajoutée. Pendant ce temps, en Allemagne, le taux est d'un peu moins de 12 %. Résultat : 180 000 dépôts de bilan de TPE/PME entre 2012 et 2015. Car les lois, généralement justifiées officiellement par les abus de certains grands groupes, n'affectent que marginalement ces derniers. Ils ne font en moyenne guère plus de 15 % de leur chiffre d'affaires en France. Mais pour les PME et les ETI, vectrices essentielles de notre économie, c'est un poids considérable. La France fait figure d'exception dans le concert des nations en refusant de faire le choix de l'entreprise. Pourtant, ce choix n'implique en aucun cas de se contraindre à un modèle unique comme le clament souvent les forces hostiles, citant à tort et à travers le fameux TINA (« *There is no alternative* », « Il n'y a pas d'autre solution » de Margaret Thatcher). Des pays aussi différents que les pays du Nord et les pays anglo-saxons ont fait le choix de l'entreprise avec des modalités propres à chaque pays.

La France, au nom de dogmes hérités du passé, a fait le choix du chômage et de l'assistanat, persuadée qu'elle est de l'équation « patron = salaud », engoncée qu'elle est dans sa haine de la réussite et de sa condition nécessaire, l'audace. Une enquête Ipsos d'octobre 2014 faisait ressortir ce sentiment : en France, on jalouse les audacieux pour 43 % des interrogés, on les critique et on les combat pour 35 %. Il faut aussi noter le jacobinisme irréductible des dirigeants français, pour qui toute loi doit s'appliquer, qu'il s'agisse d'un groupe de plusieurs centaines de milliers de personnes ou d'une entreprise de quatre salariés. Le code du Travail, avec ses 1 422 grammes et ses 3 809 pages (éditions Dalloz, 2015) s'applique partout, quelles que soient les spécificités.

Centralisme toujours dans le traitement du chômage. Or, par exemple, le bon sens exige d'appliquer des solutions différentes selon les classes d'âge. Si demain, un gouvernement courageux osait supprimer les charges sociales pour les deux classes les plus touchées par le chômage que sont les jeunes (moins de 25 ans) et les seniors (plus de 55 ans), en reversant 20 % de ces charges au salarié, l'impact sur l'emploi serait immédiat. Certes, cela aurait un coût pour l'État, mais le chômage de masse de ces catégories en a un aussi, plus discret. Si personne ne s'est avisé de prendre une telle décision, c'est par manque de courage et en raison toujours du paritarisme, le financement des organisations syndicales étant pour partie assis sur ces charges. Le « Jobs Act » de Matteo Renzi, Premier ministre italien, prouve que cela est en effet possible !

Pense-t-on vraiment que les compromis successifs que nous faisons depuis quarante ans, ces pansements sur une jambe de bois, sont la solution ? Pourquoi une telle rigidité lorsqu'il faudrait de la souplesse et de la liberté ? « Il y a urgence à simplifier ! », proclament en chœur les politiques de droite et de gauche. Que ne le font-ils pas ? Les donneurs de leçon d'aujourd'hui sont les poltrons d'hier…

Certes, répétons-le, il faut pour cela du courage. Car simplifier et réformer implique de prendre en compte un vaste champ de problèmes. Réformer le CDI sans réformer le marché de l'immobilier qui pousse, notamment les jeunes, à la recherche de ce type de contrat, ne conduira nulle part. Fluidifier l'économie sans imposer aux banques de jouer le jeu en quittant le « On ne prête qu'aux riches », proverbe toujours d'actualité, ne pourra se faire. La solidarité nationale, qui s'est exercée quand les pouvoirs publics ont renfloué les banques avec les deniers de l'État, donc du contribuable, ne peut être à sens unique. La solidarité exige un mouvement d'aller et retour.

Le courage, c'est aussi reconnaître ses erreurs et chercher à les corriger. Pourquoi s'obstiner à financer le monstre qu'est devenu Pôle Emploi avec les résultats que l'on connaît lorsqu'on voit le travail accompli par certaines sociétés privées dans les antennes emplois mises en place par les entreprises contraintes de licencier ? Là comme ailleurs, il faut oser la privatisation, en gardant le rôle régalien dévolu à l'État de contrôler selon des objectifs préalablement fixés. Comment s'étonner que le conseiller Pôle Emploi qui a plusieurs centaines de dossiers à traiter et qui ne peut être un spécialiste de tous les domaines ne puisse efficacement accompagner les demandeurs d'emploi ? La bonne volonté et le sérieux de ces agents ne sont pas en cause. C'est la Mission Impossible qui leur est confiée qu'il faut faire disparaître.

Encore une fois, la solution ne consistera pas à prendre un modèle à l'étranger et à l'appliquer tel quel en France. Aucun modèle ne peut être totalement satisfaisant sans une analyse culturelle. Prenons les modèles anglo-saxons. Ils charrient du bon et du moins bon. Dans le positif, on listera le volontarisme, l'entreprenariat, le système éducatif ou encore l'audace. Dans le négatif, on pointera un certain dogmatisme managérial, un excès de *reporting* et de *controlling*. Ces dérives s'expliquent par l'adoption des lois Sarbanes-Oxley (loi fédérale américaine de 2002), votées après certains scandales financiers comme Enron ou WorldCom. Outre le fait qu'elles n'ont pas empêché d'autres scandales de survenir, ces lois ont considérablement compliqué la tâche des entreprises en modifiant profondément leur mode de gouvernance. Elles ont conduit à la naissance du système matriciel de gestion des entreprises, c'est-à-dire au regroupement de fonctions différentes autour d'un programme. Mais dans les grands groupes internationaux, cela mène souvent à l'autorité multiple : on relève du patron du pays mais aussi du responsable fonctionnel au niveau supérieur. On ne sait donc plus de qui on dépend, qui est le leader. Le paradoxe, c'est que cette organisation qui voulait croiser les contrôles aboutit à la déresponsabilisation. C'est un système anxiogène dans lequel chacun est poussé à prendre le minimum de risques (donc d'initiatives) car il ignore d'où la sanction potentielle pourra tomber.

Malheureusement, en dépit des critiques quasi unanimes qu'il suscite, ce système est devenu la norme mondiale qui a accru la tension des leaders et a cautionné la gestion par injonctions paradoxales : il faut être respectable mais dans le court terme, il faut faire plus mais avec moins. Ce stress est à l'origine des cas de *burnout* qui se multiplient et dont on commence à s'inquiéter, d'autant que certains se sont soldés par des gestes désespérés. « Le travail, c'est la santé », chantait ironiquement Henri Salvador. Il est temps de veiller à ce qu'à l'ironie ne se substitue pas le tragique. Depuis un petit nombre d'années, la pression s'est accrue, poussée par le dogmatisme managérial américain qui, en raison de ses réussites économiques et en dépit des conséquences qu'il engendre, n'a pas de peine à imposer ses vues. On voit donc arriver le management par l'exécution. On formalise tous les aspects de la vie de l'entreprise en procédures que chacun doit suivre à la lettre. Évidemment, ce modèle se présente comme une organisation « *bottom-top* », censée prendre en compte la réalité du terrain et respecter les gens. Pourtant, dans les faits, concrètement, ce modèle impose une organisation où nulle tête ne doit dépasser. Lorsqu'on se trouve patron d'une filiale de l'un de ces grands groupes, on n'a de dirigeant que le nom. On ne dispose d'aucune marge de manœuvre, aucun pouvoir d'initiative, la performance n'étant jugée qu'à l'aune du respect des procédures. Ce système ne fait aucun cas des cultures locales où il s'impose. Il commence d'ailleurs à poser de nombreux problèmes dans certains grands groupes ou certaines firmes françaises ayant décidé de l'appliquer, parce qu'il conduit à une déresponsabilisation face à l'infaillibilité supposée des process. Et lorsqu'un salarié se déresponsabilise, il en vient à mettre en cause son ou ses managers. À terme, une vraie crise du leadership se profile.

Pourtant, d'autres modèles existent et ils offrent, après ce panorama globalement sombre, de vraies perspectives. Ce sont les ETI familiales, certaines mutuelles, certaines PME. Les grands groupes ont intérêt à s'inspirer de ces entreprises qui réussissent autrement. Et cet autrement, de quoi est-il fait ? De liberté d'action, de reconnaissance de l'individu, d'une sorte de pacte moral de l'intérêt collectif connu par tous. D'aucuns pensent cela révolutionnaire, comme en témoigne le succès du livre *Liberté et Cie*[6] qui propose l'étude de certaines de ces sociétés au profil alternatif. Mais cela a toujours existé, ce n'est que du bon sens et ce n'est une nouveauté que pour les entreprises qui, depuis vingt ans, se sont laissé enfermer dans des carcans.

Mais pour pouvoir assumer une pensée et des pratiques alternatives, encore faut-il être au clair avec soi-même. C'est-à-dire assumer et revendiquer sa culture propre. Or à l'image de la déliquescence de la culture républicaine de notre pays, bon nombre d'entreprises ont abdiqué sur le plan de leur culture. Elles n'en ont pas fait une priorité et, de renoncement en renoncement, elles ont oublié qui elles étaient. Sans culture forte, elles se privent du liant nécessaire pour fédérer, motiver et impliquer leurs équipes. La compétence est une condition nécessaire mais certainement pas suffisante, il faut donner aussi aux salariés la possibilité d'adhérer à la culture de leur entreprise.

Mais comment adhérer à un discours que l'on entend partout, avec les mêmes mots, les mêmes formules reprises dans des sociétés à l'histoire, aux traditions, aux parcours pourtant très différents ? Cette question devrait être au cœur des entretiens d'embauche, pour s'assurer qu'au-delà de la capacité à « faire le job », les candidats pourront s'acclimater

---

6. Brian M. Carney et Isaac Getz, *Liberté et Cie. Quand la liberté des salariés fait le succès des entreprises*, Flammarion, collection « Champs Essais », 2013.

et endosser la culture maison. Malheureusement, cette donnée est généralement négligée, tout comme la fonction recrutement en général, souvent confiée à des « juniors » qui ne creusent pas cette dimension culturelle.

L'enjeu culturel est d'ailleurs la ligne de partage que l'on observe entre les entreprises où cela se passe bien et celles confrontées à des problèmes. Là encore, la cause est connue : l'interchangeabilité des dirigeants salariés, l'instabilité de l'actionnariat ont été les premières coupables de la perte de la culture dans les entreprises. Une autre responsabilité est à chercher dans la défaillance chronique, par manque de moyens, de la fonction RH. Celle-ci s'est enfermée dans une posture de technicien juridico-social, abandonnant l'objectif de développement humain. Le recul de la culture d'entreprise laisse toujours le champ au repli sur soi, à l'égoïsme, bref, aux mauvais réflexes.

Comment en sortir ? En refondant un nouveau pacte de confiance. C'est vrai pour notre nation malade, c'est vrai pour les entreprises. Pour celles-ci, ce défi va exiger de refonder totalement les modèles de management en renforçant la responsabilité culturelle, d'assumer des politiques de recrutement « culturellement sélectives » pour mettre en valeur les enjeux d'adéquation culturelle au même niveau que la détection des compétences – rien à voir avec la discrimination par sexe, âge ou croyances... Cela signifie que les chargés de recrutement, les DRH, seront les garants de la culture de l'entreprise, de sa connaissance, de son respect et de sa transmission. C'est un changement profond de paradigme pour la gouvernance, qui doit faire de la culture de l'entreprise le miroir de son ambition sociale et économique. Parce que sans culture, il n'y aura ni attractivité ni fidélisation, que ce soit pour les salariés, les candidats, les clients ou même l'opinion publique.

L'entreprise a tout à gagner à assumer ses choix en fonction de sa culture, à assumer d'être discriminante, c'est-à-dire d'avoir la liberté de choisir, de discriminer non pour exclure mais au contraire pour inclure plus fortement ceux qu'elle aura choisis et qui souhaitent l'accompagner dans son développement.

La voix du changement est chaotique et impose enfin de sortir d'un passé qui n'offre plus de perspective au profit d'une refondation humaine de notre économie et de notre « vivre ensemble ». L'accélération numérique, les rêves des nouvelles générations, les possibles infinis de l'audace donnent de l'espoir, à condition d'être honnête avec soi-même !

Avançons dans la culture…

L'universalisme du numérique est une invitation à repenser les exclusivités locales pour permettre à chaque être humain, à chaque collectif, à chaque projet de se penser en partie prenante d'une ambition collective. La culture n'est pas un frein au changement, c'est au contraire une force vitale de progrès si elle se partage comme une conscience vivante destinée à évoluer, à s'adapter. Elle est la matière qui parle au cérébral comme aux « tripes » et au cœur.

Chapitre 2

Bien-être, considération, bonheur… Et si tout cela devenait un vrai choix ?

En France, se plaindre semble être une seconde nature : rien ne va jamais comme on veut… Et bien sûr, tout est toujours de la faute de l'autre et de l'État ! Résultat depuis une quinzaine d'années : la soupe à la grimace est le plat quotidien ! À vouloir regarder le verre à moitié vide tout le temps, on finit par oublier qu'il est aussi à moitié plein. Cette posture culturelle est l'expression du dogme de l'échec et de l'arrogance qui inhibe toute capacité de remise en question.

Nous l'avons vu dans le chapitre précédent : le monde ne change pas, il a changé ! Face à cette réalité, nos lourdeurs culturelles se drapent dans la vertu des bons sentiments sur le thème de notre exclusivité. Réveillons-nous et acceptons d'embrasser le monde !

Dans le film *Le Guépard*, de Giuseppe Tomasi di Lampedusa, on trouve cette célèbre formule : « Il faut que tout change, pour que rien ne change » ; puis : « Les Siciliens ne voudront jamais être meilleurs, pour la simple raison qu'ils croient être parfaits : leur vanité est plus forte que leur misère. »

Après trente à quarante ans de dérives managériales, les faits sont là. Selon Isaac Getz, professeur de management, 10 % des salariés européens viennent travailler avec bonheur, 60 % juste pour toucher leur salaire et 30 % sont tellement malheureux qu'ils se rendent au travail pour afficher leur souffrance[7]. Le mal-être s'installe, notamment dans les grandes entreprises et organisations, à cause de leur carence managériale. À telle enseigne que le législateur lui-même s'empare du sujet, pour faire reconnaître le *burnout comme maladie professionnelle*[8]. Avant cela, le mal-être avait fait l'objet d'une vaste étude sénatoriale menée par Gérard Dériot, à l'issue de laquelle il publia un rapport en juillet 2010. Il y comparait l'enjeu du mal-être au XXIe siècle à celui de la pénibilité physique qui se posa à l'orée du XXe siècle.

Tout le monde sait que vivre dans une grande entreprise peut être stressant, mais en France ou ailleurs, les organisations d'entreprises (gestion matricielle, management de l'exécution) ont généré une telle tension que l'élastique est prêt à se rompre. Certes, la France n'en est pas encore au point de certains pays comme le Japon, où le nombre de suicides liés au travail s'élève à 2 323 décès par an[9], contre environ 400 en France[10]. Encore qu'il ne s'agisse là que des suicides dont la cause est identifiée. Mais un peu partout, être cadre et de surcroît cadre dirigeant n'est vraiment plus une partie de plaisir.

La raison principale en est que le système organisationnel vous amène à « marcher à côté de votre vie », c'est-à-dire à subir continuellement une pression schizophrénique. L'entreprise attend de vous des pratiques et des postures qui, éventuellement, vont à l'encontre de vos propres valeurs. 75 % des managers trentenaires affirment ne pas adhérer aux

---

7. Article paru dans *Challenge*, le 19 février 2015.

8. Projet de loi sur le dialogue social.

9. Bureau des statistiques de la police japonaise, Livre blanc sur la lutte contre le suicide, 2014.

10. Estimation livrée par le Conseil économique, social et environnemental.

valeurs de leur entreprise[11] et un sondage BVA de 2012 montre d'ailleurs que 25 % des salariés français ne sont pas en accord avec les pratiques éthiques et déontologiques de leur entreprise.

Globalement, on observe une dissonance de plus en plus forte chez les cadres entre leurs valeurs personnelles et les comportements que les systèmes dans lesquels ils vivent, les amènent à adopter. Une étude TNS-Sofres de 2010 montrait déjà clairement que 58 % des personnes interrogées disaient ne pas avoir confiance en leurs dirigeants et 36 % affichaient, à l'égard de leur entreprise, des sentiments majoritairement négatifs. Par ailleurs, 84 % estimaient que les intérêts des dirigeants et des salariés étaient incompatibles. Cela se traduit entre autres par un véritable désengagement des salariés envers leur entreprise. Selon l'étude Gallup publiée en 2014 et réalisée sur la période 2011-2012, 91 % des salariés français ne se sentent pas engagés dans leur entreprise.

En outre, la synthèse publiée en mars 2014 par l'Apec sur l'emploi des cadres révélait les facteurs qui contribuent à les déboussoler, notamment la nécessité qu'ils ont à répondre à des injonctions contradictoires : plus d'instabilité des organisations mais plus de mesures du travail ; plus de communications et d'échanges mais moins de temps et de moyens ; plus de contrôles mais plus d'activités professionnelles hors les murs et les horaires réglementés de l'entreprise ; plus de volonté de rationalisation mais plus de complexité ; plus de chiffrage et plus de bricolage…

Pourtant, lorsqu'on interroge n'importe quel DRH, n'importe quel directeur général d'une grande entreprise et que l'on aborde ces sujets, il a toujours le sentiment que ces problèmes ne concernent pas ou peu son entreprise. En clair, DRH ou DG ont le sentiment que chez eux « ça va bien ou au moins pas trop mal ». Pourquoi ? Sans doute parce que les outils qu'ils utilisent pour évaluer l'adhésion des salariés à la stratégie et le ressenti des salariés au sein de l'entreprise ne sont pas

---

11. Congrès HR, 2014.

capables d'estimer cette notion très diffuse qu'est le bien-être (et son pendant symétrique, le mal-être). Mais lorsqu'on vient de l'extérieur – comme nous le faisons avec mes équipes en animant chaque année en moyenne cent cinquante tables rondes à travers le monde – interroger ces mêmes salariés, en face à face, les gens avouent en chœur ne plus savoir à quoi ils servent, avoir le sentiment de n'être que des numéros, ne pas éprouver de considération de la part de leur entreprise… La liste des griefs est longue.

À la fin du xixe siècle, le célèbre sociologue Émile Durkheim estimait déjà que « dès que les gens perdent le sens du travail et sont très isolés, ils sont très suicidaires ». Les quelques faits divers tragiques qui ont émergé, même s'ils restent, en France du moins, relativement rares, tendent à valider la formule.

La solution semblait simple, les grandes entreprises l'ont trouvée : puisque les salariés sont malheureux, il n'y a qu'à leur imposer le bonheur ! C'est pourquoi, depuis quatre ou cinq ans, on assiste à une lame de fond, née notamment sous la poussée de la RSE et portée par les communicants, sur le thème du bonheur. Comme un mantra déclamé par un gourou, le bonheur est décrété. On trouve même aujourd'hui des DRH qui sont transformés en « CHE » (*chief happiness executive*). Il n'est pas étonnant que cette tendance ait vu le jour dans les grands groupes californiens où demeure un vieux fond « hippie » mais qui s'est férocement adapté à la recherche de la performance économique.

Il est amusant par ailleurs de noter l'étymologie du mot « bonheur », qui dérive du latin « *augurium* », signifiant « accroissement accordé par les dieux à une entreprise ». Certaines entreprises, qui ont fait ce choix du bonheur, doivent en effet fortement compter sur l'intervention des dieux, tant le décalage entre les propos et les actes peut être grand ! Car c'est là que réside le fond du problème. Il n'y aurait nul mal à ce que l'entreprise souhaite devenir un vecteur du bonheur de ses salariés, au même titre qu'elle cherche le bonheur et la satisfaction de ses clients… pour le plus grand bonheur de ses actionnaires. Mais encore faudrait-il que ce soit une réalité vécue et non une posture.

Hélas, force est de constater que la plupart du temps, on plaque ce concept du bonheur sur une réalité bien moins reluisante, une réalité difficile à regarder et, il faut l'admettre, difficile à appréhender. On se souvient des réactions ironiques lorsqu'à l'occasion du sommet du G20 en septembre 2012, à Vladivostok, Vladimir Poutine avait fait ravaler la façade des immeubles exposés au regard de ses hôtes prestigieux en négligeant l'arrière-cour. Le même regard ironique pourrait être porté sur de nombreuses entreprises, et d'ailleurs, leurs salariés ne s'en privent pas.

Pourquoi, à propos, ne s'est-on pas contenté de la notion de bien-être, bien plus facile à définir que celle de bonheur ? Sans doute, parce qu'aussi curieux que cela puisse paraître, dans les grands groupes notamment, les conditions du bien-être existent. Dans la plupart de ces entreprises, les conditions de travail sont respectueuses du bien-être, au moins sur le plan matériel. Même si certains tentent de nous faire croire qu'elle est encore vivace, l'image façon Zola dans *Germinal* appartient définitivement au passé.

Le problème, c'est que les données morales du bien-être ne sont pas réunies. Un salarié peut bénéficier de la plus belle salle de sport, du plus beau restaurant d'entreprise, des plus belles formations, si le management auquel il a à faire face est tyrannique ou ne sait tout simplement pas transmettre l'énergie de la motivation, il ne pourra pas ressentir de bien-être. Si, de toute éternité, l'argent ne fait pas le bonheur, il ne fait définitivement pas non plus le bien-être. Et si le bien-être ne se trouve pas dans les biens matériels, c'est que son secret réside aussi et surtout au niveau moral. Savoir pourquoi on est là, être reconnu pour ses réussites et accompagné sereinement dans ses erreurs sont autant de facteurs de bien-être. Et ces facteurs dépendent grandement de l'attitude de l'encadrement. Mais comme 69 % des managers déclarent que leur N+1 n'est pas un exemple pour eux, il y a loin de la coupe aux lèvres.

Bref, aujourd'hui, comme par magie (ou grâce aux dieux, on l'a vu), l'entreprise est astreinte à produire du bonheur. Le postulat est en soi étonnant, parce qu'il sous-tend que sans l'intervention des nouveaux apôtres du bonheur, l'entreprise est donc condamnée à produire du malheur, ce qui en dit long sur l'image de l'entreprise. Car si les patrons voyous existent, ils ne sont pas, de loin, la majorité. Si l'on convient que l'entreprise « normale » est là pour créer de la richesse, de l'emploi, de l'ascenseur social, pourquoi faut-il préciser qu'elle doit, en plus, créer du bonheur ?

La réponse est à chercher dans un politiquement correct guidé par deux aspects. D'abord, on trouve le politiquement correct des marchés financiers, sommés de montrer patte blanche dans leurs rapports d'activité sur les questions liées à la RSE. Il faut parvenir à montrer que l'on est un patron engagé pour le bonheur de ses salariés. Ce trait forcé ne convainc pas, puisque 64 % des Français pensent que les entreprises qui adoptent une démarche éthique et déontologique le font uniquement pour se donner une bonne image[12].

L'autre raison à cet engouement est l'émergence de nombreux gourous, plus ou moins à la mode, qui prônent les modèles liés au bonheur. Ces gourous sont très présents dans les mastodontes du web, héritiers de la culture hippie des sixties qui existait en Californie, leur berceau. Chade-Meng Tan, le « Monsieur Bonheur » de Google, a ainsi importé la méditation au sein de Googleplex, le siège du groupe à Mountain View, en Californie. Il prône de méditer cinq fois par jour et son livre, *Connectez-vous à vous-même*[13], rencontre un grand succès interna-

---

12. Sondage BVA réalisé en septembre 2012 pour le quotidien *20 minutes*.

13. Chade-Meng Tan, *Connectez-vous à vous-même*, Belfond, 2014.

tional, notamment auprès des décideurs. Quant au livre *Liberté et Cie*[14], qui prône la disparition du *middle* management et du management tout court, au profit des salariés, en revitalisant l'idéal seventies des kibboutzim, il est devenu le livre de chevet des managers français. En février 2015, il y eut même des « Journées du bonheur au travail » organisées à l'occasion de la diffusion d'un documentaire sur Arte. Et l'on ne compte plus les structures qui, du *Happylab* à l'université du Bonheur au travail, questionnent ou promeuvent cette notion. Bref, le bonheur est partout, et l'on ne peut qu'être d'accord parce que tout le monde, bien sûr, aspire au bonheur…

Mais lorsque l'on scrute la réalité, on découvre à quel point tout cela s'apparente à de la tartufferie. Nombre des entreprises qui sont qualifiées de « Great place to work[15] », « Top Employeur[16] » ou autres, et qui sont donc les ambassadrices de ce bonheur (et sont censées valider au passage la qualité de ces palmarès), cachent en leur sein des situations très éloignées de cet hymne au bonheur. Car, comme le souligne en 2015 la Fédération française des praticiens psychologues, il n'y a jamais eu autant de mal-être et de *burnouts* dans les entreprises qu'aujourd'hui. Tandis que l'on constate en parallèle l'explosion des postulants à tous ces labels qu'ils pourront mettre en valeur dans leur plaquette promotionnelle. Cherchez l'erreur…

Il apparaît donc que, face au mal-être dans le monde de l'entreprise, on privilégie la méthode de la médecine occidentale consistant à traiter localement le symptôme, là où il s'exprime, au lieu de s'interroger, à l'image de la médecine traditionnelle chinoise, sur l'état général de l'organisme, dans son ensemble, avec les connexions nombreuses et

---

14. *Op. cit.*

15. Classement établi par Great Place To Work˚, institut d'origine américaine disposant d'une filiale en France.

16. Classement du Top Employer Institute.

complexes qu'il sous-tend. Pire, on en arrive parfois à oublier la notion même de médecine pour adopter la bonne vieille méthode chère au pharmacien et psychologue français Émile Coué en répétant à l'envi le mot « bonheur », en priant pour qu'il se matérialise. Aux oubliettes la médecine, place à l'incantation !

Le problème, c'est que personne n'est dupe. Où l'on retrouve le cynisme qui a tenu et tient encore lieu de ligne de conduite depuis quarante ans… Lorsque l'on interroge ceux qui ont fait profession de nous vendre ce bonheur, certains auteurs, certains gourous, ils reconnaissent, en privé, que tout ceci s'apparente à une vaste blague et qu'ils sont d'une certaine façon les complices de cette tartufferie. Mais pour bon nombre de salariés et en particulier de cadres, la blague est saumâtre, car leur mal-être est bien réel. Et pour le déceler puis le combattre, il existe des méthodes. Si l'on en revenait au bon sens des médecines traditionnelles, on chercherait à traquer l'origine de ce problème de mal-être. Et l'origine du problème nous ramène toujours au même sujet : celui du sens.

En 2013, une enquête commandée par le magazine *L'Entreprise* montrait que 48 % des salariés étaient stressés, entre autres, par le manque de vision claire sur la stratégie de leur entreprise. Autrement dit, par le fait de ne pas savoir à quoi servaient leurs efforts.

L'entreprise s'est déshumanisée en oubliant de réfléchir à son sens profond. Et le sens profond n'obéit ni à la dictature du court terme ni à la tyrannie des marchés financiers. Le sens profond n'est pas une « façon d'être » de l'entreprise, il est sa « raison d'être ». Il est culturellement le postulat du « vivre ensemble ». Malheureusement, l'entreprise confrontée à la crise ne prend pas le temps de réfléchir sur elle-même, comme le capitaine d'un navire ballotté au cœur de la tempête ne peut prendre le temps d'inspecter sa coque et sa voilure. Elle ne prend pas non plus le temps de remettre en cause son modèle de leadership et de management.

L'entreprise laisse les êtres gérer comme ils le peuvent ces fameuses injonctions paradoxales déjà citées ; in fine, elle colle des rustines sans répondre à la quête de bien-être. Certains think-tanks, comme le Cercle du leadership dont je suis partenaire, ouvrent des voies ; il y a de cela deux ans son cycle de réflexion portait sur le chaos, celui de l'an dernier s'interrogeait sur la fin du management… Ces lieux nécessaires qui réunissent justement des dirigeants d'entreprises offrent ces bouffées d'oxygène, ces bulles de temps que l'on a sacrifiées dans le tempo quotidien !

Les entreprises vont bientôt être confrontées à un enjeu de taille : l'arrivée des nouvelles générations sur le marché du travail, en particulier la fameuse génération Z, ces jeunes que l'on surnomme « les mutants ». De nombreux sujets qui constituent des changements pour les entreprises, comme la crise, l'hyperconnexion, l'e-réputation, la fusion entre temps de travail et temps personnel, sont des faits acquis pour ces nouveaux arrivants. Leur regard sera foncièrement plus lucide et on pourra difficilement les tromper, car l'une des caractéristiques de ces « mutants » est leur exigence d'éthique dans leur relation à toute forme d'autorité. On a également parfois appelé cette génération la « génération C », pour « communication, collaboration, connexion et créativité ». Pas sûr que la communication et la créativité propres à cette jeunesse trouvent un écho favorable dans les structures matricielles et dans le culte de l'exécution…

Cette génération va clairement mettre à l'épreuve le management à l'ancienne. Sa relation à l'erreur est par exemple totalement décomplexée, c'est une génération qui admet qu'on puisse se tromper à condition de l'assumer. Comme le révèlent certains DRH qui ont commencé à recruter des « Z »[17], il vaut mieux oser leur dire « je ne sais pas » plutôt que d'être pris en flagrant délit d'incompétence. Les mutants sont de fervents adeptes de la vérification sur le web et ont en horreur

---

17. « Comment manager la génération Z ? », *Le Journal du Net*, 16 mars 2015.

l'imposture. C'est pourquoi ils vont se détourner des modèles « copiés-collés » du bonheur pour aller chercher de vrais modèles. C'est aussi la raison pour laquelle leurs aspirations changent : selon l'enquête « La Grande InvaZion » menée par BNP-Paribas et The Boson Project, 48 % des « mutants » souhaitent monter leur propre entreprise.

À leurs yeux, l'entreprise idéale serait :

- plus agile : une entreprise plus innovante, plus ouverte à l'échec ;
- plus « *flat* » : une hiérarchie aplatie, moins complexe, plus souple ;
- plus humaine à l'intérieur mais aussi à l'extérieur ;
- plus égalitaire : une entreprise moins discriminante, plus juste ;
- plus flexible tant en termes d'horaires, de rythme, de lieu de travail que de codes ;
- plus ouverte : une entreprise proposant plus de ponts entre les études et le monde professionnel et faisant plus confiance aux jeunes.

Ce sont les raisons pour lesquelles les jeunes de cette génération s'imaginent plus heureux dans une PME que dans un mastodonte. Seule leur envie d'international, clairement affichée, pourrait les faire pencher vers un grand groupe.

Cette génération va donc mettre à l'épreuve les dirigeants et gouvernants d'entreprises qui jusque-là, semblent s'être contentés de la cosmétique du bonheur. Il suffit pour s'en convaincre d'analyser le lexique utilisé par ces leaders dans leur discours *corporate*, comme l'a fait le cabinet Détroyat, spécialisé dans le domaine de l'évaluation et de l'analyse financière d'entreprise. Détroyat a passé au crible les discours des patrons du CAC 40 pour en relever le vocabulaire. « Business », « conjoncture », « organisation » y figurent en bonne place ainsi que le mot « valeur », employé au singulier, ce qui laisse penser que les patrons sont plus attentifs à la valeur créée ou détenue par leur entreprise qu'aux valeurs portées par elle. Une autre étude, menée par l'agence Meanings, montre que les discours sont généralement désincarnés ; les équipes, c'est-à-dire la dimension humaine de l'entreprise, ne sont que rarement citées et mises en avant par les dirigeants. Cette dimension ne représente que 0,2 % du discours patronal, quand elle apparaît, ce qui est loin d'être systématique.

Les entreprises cherchent donc à « vendre du bonheur » alors même qu'elles n'ont que rarement un leadership de l'humain à leur tête. En France, et à moindre niveau en Europe, il faut peut-être y voir une cause culturelle : les valeurs comme « le bonheur » ou l'emploi de mots comme « aimer » semblent vus comme des marques de faiblesse. La France a du mal à abandonner le culte de l'homme providentiel, du héros indéboulonnable, un peu inaccessible dans sa tour d'ivoire, omniscient et omnipotent qui, que ce soit dans la politique ou dans l'entreprise, semble demeurer le modèle indépassable, avec les succès que l'on sait…

Quoi qu'on en dise, ce modèle d'inspiration patriarcale est encore le modèle dominant en 2015. Il suffit pour s'en convaincre d'étudier la sociologie des conseils d'administration des grandes sociétés et leur mode de fonctionnement, qui rappellent plus la cour du Roi-Soleil du XVIIᵉ siècle que le XXIᵉ. C'est une particularité très française, que l'on observe beaucoup moins dans des nations comparables à la nôtre, comme les États-Unis, le Canada, Israël ou le Royaume-Uni. Si ces pays peuvent être confrontés à de telles pratiques, elles y demeurent l'exception quand chez nous elles constituent la règle.

Preuve enfin que l'affirmation du bonheur (ou du bien-être) ne suffit pas à en faire une politique, on constate un manque patent d'appropriation du sujet par les premiers concernés au sein de l'entreprise : les DRH. Alors que la fonction RH s'est enfermée, ou s'est laissée enfermer dans une fonction juridico-sociale assez confortable, des concepts moins techniques comme le bien-être la mettent mal à l'aise. D'où une tentative de rationnaliser la réponse à travers une multitude de boîtes à outils, comme si le bonheur n'était qu'un Meccano, ajoutant par ailleurs de la procédure à la procédure au sein d'entreprises qui n'en demandent pas tant. Certes, les DRH n'ont que peu de pouvoir pour changer les modèles qui génèrent le mal-être. Mais c'est là l'un des défis majeurs qu'ils ont à relever. Retrouver le sens profond de leur fonction, à savoir faire grandir le terreau humain qui ne peut s'épanouir en milieu hostile. D'autant que la profession jouit d'une mauvaise image, si l'on se réfère à l'enquête en ligne réalisée en 2014 par l'agence Onthemoon où l'on apprend que pour 84 % des interrogés, l'image de la fonction RH est négative, froide pour 87 %, administrative pour 83 %, trop éloignée pour 85 % et synonyme de sanction. Fermez le ban !

Il apparaît donc clairement que les DRH ont à faire leur révolution pour briser leur image de pseudo-juristes. 77 % des interrogés dans l'étude précédemment citée les considèrent enfermés dans leur univers. Ils doivent dépasser leur stricte apparence de partenaires des syndicats et des représentants du personnel (sentiment de 69 % des sondés) pour se rapprocher des salariés dans leur ensemble. Ils doivent sortir de l'isolement dans lequel on les a mis (parfois avec leur concours), quitter cette pseudo-planète à part où, aux yeux de leurs collègues, ils vivent avec leur jargon et leur typologie d'attitude. « Ce sont des gens de bureau, pas de terrain », clame la majorité des salariés consultés.

Certes, ce constat sévère ne doit pas s'adresser qu'aux seuls DRH. Les dirigeants des entreprises ont également une lourde responsabilité dans cet état de fait. Ils ne voient souvent la fonction RH que comme un régulateur censé assurer la paix sociale au sein de l'entreprise ou minimiser au maximum les conflits.

La formation des filières RH est aussi en cause, dans la mesure où elle néglige trop la vision humaine de l'entreprise au profit de la dimension technique. Là encore, il s'agit d'une solution de facilité puisque l'approche humaine est certes plus délicate à transmettre. Pourtant, le levier essentiel du changement, c'est le management. Encore faudrait-il disposer de suffisamment de proximité et d'autorité avec les managers, ce qui ne semble pas être le cas.

Or, comment travailler et faire progresser la notion du bien-être et du bonheur sans s'appuyer sur celles et ceux qui encadrent les équipes ? À l'évidence, cela ne peut pas fonctionner. Et même quand la volonté existe, imagine-t-on sérieusement qu'il puisse s'agir d'une démarche imposée *top-to-bottom* et non d'une approche collaborative ? Encore une fois, martelons l'évidence : le bonheur ne peut pas être décrété « par en haut » ; en tout cas, il ne le peut plus. Le temps de l'injonction hiérarchique d'inspiration religieuse est révolu.

Aujourd'hui, que constate-t-on ? Concrètement, de nombreux dirigeants élaborent des recettes en catimini avec des consultants et les appliquent ensuite aux salariés. Avec, pour résultat, une méfiance de ces derniers. Pire que cela, non seulement personne n'y croit, mais avec cette méthode, on « brûle » des cartouches de crédibilité et on augmente la défiance envers l'entreprise. D'évidence, il ne peut exister une règle du bonheur, parce que chacun a son interprétation du bonheur. D'où la nécessité de faire le travail inverse, *bottom-up*, afin de disposer des éléments d'information venus des premiers concernés, et pouvoir, en connaissance de cause, placer au bon endroit le curseur de ce qu'on pourrait qualifier le bonheur, le bien-être et la considération. À cette condition seulement, on peut espérer aboutir à quelque chose de beaucoup plus consensuel au sens fort.

Hélas, jusqu'à présent, et en raison des modèles organisationnels qui se sont imposés dans les entreprises, les DRH ne s'approprient pas la réflexion existentielle. Ils passent à côté et se contentent d'élaborer des plans sur des concepts à la mode, aussi variés que le télétravail, la formation sur le bien-être, voire les interventions de masseurs. La boîte à outils RH a souvent plus l'aspect d'une collection de gadgets (qui font la fortune de leurs promoteurs) que d'un traitement de fond du problème.

Il faudrait d'ailleurs en profiter pour s'arrêter sur l'expression « ressources humaines ». On découvrirait rapidement que cette terminologie recouvre un contresens terrible. Elle assimile l'humain à une ressource, au même titre que n'importe quel matériau. Elle l'envisage donc par définition comme biodégradable, jetable, périssable, et manipulable sans affects. Pour les patrons qui, si l'on en juge encore par l'analyse de leurs discours, ne jurent que par l'innovation et l'investissement, il est grand temps de se rendre compte que le facteur humain est un investissement, et non pas une simple ligne comptable. La fonction RH en sortirait fortement grandie si elle décidait de troquer « ressource » contre « relation ». En attendant cette révolution copernicienne, les DRH ne sont pas considérés comme des acteurs de progrès, des acteurs culturels, des acteurs de changement, et encore moins comme des acteurs de changement du management. Pourtant, les transformations auxquelles les entreprises vont être confrontées dans les dix années à venir exigeront que les DRH retrouvent l'importance qui devrait être la leur. C'est aujourd'hui l'une des fonctions les moins considérées, et cela ne pourra pas durer sans préjudice profond.

Soit l'entreprise s'engage réellement dans cette quête de bonheur, ce souci de la réalisation au cœur de son ADN, et tout le monde se l'approprie ; soit il s'agit d'un faux-semblant et tout le monde s'en détache. C'est particulièrement vrai dans les grandes organisations où tout est phagocyté par les process, les grands principes de vie du quotidien. Il manque souvent aux grandes entreprises un « esprit PME ». Tout y est tellement disproportionné et kafkaïen que le bonheur y devient lui aussi kafkaïen, ce qui constitue le comble du paradoxe. La question qui se pose est celle du temps qu'il faudra aux salariés pour cesser de supporter cet état permanent de disruption dans lequel ils se trouvent. Car aujourd'hui, on constate que les gens sont parfaitement conscients du théâtre dans lequel ils jouent. Ils ont une vision très lucide du jeu qu'on veut leur faire pratiquer et pourtant, ils y restent.

Certes, cela peut s'expliquer par la conjoncture de crise, par l'âge moyen des salariés qui sont dans l'incertitude de retrouver un emploi. Mais il faut parvenir à se demander si un travail justifie qu'on vive à côté de ses valeurs. Un travail, quel qu'il soit, peut-il légitimer qu'on devienne malheureux ou hyperstressé en risquant le burnout ? Où est-il écrit que lorsqu'on est malheureux dans son travail au point de somatiser, on doit rester prisonnier de ce mal-être ? Un contrat ne doit pas être une prison ; il peut et doit être rompu lorsque les conditions de l'épanouissement ne sont pas ou plus réunies. Or aujourd'hui, il y a souvent une rupture de contrat sur la chaîne de valeurs, rupture non affichée mais vécue et partagée. Pourtant, on se rend compte que nombre de personnes, sous cette pression sociétale, préfèrent subir que partir. Jusqu'à quand préféreront-elles cela ?

Là encore, le changement viendra peut-être de la génération Z, qui semble moins encline à accepter cet état de fait que ses prédécesseurs. Les jeunes générations, heureusement ou malheureusement, s'estiment beaucoup plus libres par rapport aux contraintes, ou du moins se déclarent-elles plus exigeantes, et c'est vrai également dans le domaine du travail. Il apparaît donc que la levée des contraintes est l'enjeu majeur du bonheur au travail. Si l'entreprise veut aller sur le terrain de la qualité de vie au travail, sur le terrain du bonheur au travail, il faut qu'elle ose se diriger vers le seul chemin qui corresponde à cette posture : celui de la libération de l'individu. Libérer l'individu signifie faire en sorte que, quel que soit le poste dont il dispose, qu'il soit cadre ou non-cadre, il se sente libre.

« Libérer l'individu », c'est justement l'antienne de l'ouvrage déjà cité, *Liberté et Cie*. Or, qu'y lit-on ? Que certains patrons (car dans les exemples proposés par l'ouvrage, tout part des patrons) ont effectué

une auto-analyse qui les a conduits à un vrai choix, sur le rôle du dirigeant, sur sa position dans la structure et les relations qu'elle implique
avec ses équipes. Ces exemples prouvent que cela est possible et réali-
sable. Encore faut-il s'assurer que le modèle est transposable aux grands
groupes où les notions de hiérarchie sont très prégnantes. Or, il ne peut
y avoir d'entreprise libérée si le leader n'a pas décidé de la libérer. Et dès
lors que l'on parle de libération, on en vient à parler de responsabilisation, les deux notions agissant de façon concomitante. Tandis que les
modèles classiques actuels, notamment anglo-saxons, conduisent, par
excès de contrôle et de procédures, à déresponsabiliser leurs salariés,
l'entreprise libérée, elle, renforce la responsabilisation de l'individu.
C'est une question de philosophie au sens de la vie à offrir !

Le bonheur implique la reconnaissance de l'individu en tant que
personne libre et responsable, c'est-à-dire disposant de droits et de
devoirs. C'est en cela qu'il est un choix. Or, depuis les Trente Piteuses,
dans les organisations civiques comme dans les structures professionnelles, ce choix n'a pas été fait ou alors de façon hémiplégique en
travaillant sur les droits mais en négligeant les devoirs. Or, si la liberté
engendre la responsabilisation, celle-ci engendre des devoirs. Il y a là un
lien très fort entre la quête du bien-être, du bonheur, et l'équilibre entre
droits et devoirs.

Aujourd'hui, en raison de l'incapacité à traiter l'origine du mal-être,
on place des rustines qui oublient l'essentiel, à savoir cet équilibre
entre droits et devoirs. Cette incapacité s'accompagne hélas de faux-
semblants, comme l'illusion de la démocratie d'entreprise. Or, c'est un
leurre que de croire qu'une entreprise ne puisse jamais devenir complè-
tement démocratique. Même les Scop, vantées aujourd'hui jusqu'aux
plus hauts sommets de l'État, sont confrontées à la question de la
gouvernance. Les ex-salariés de Fralib, qui ont repris leur entreprise en
Scop (Scop-Tip) ont un vrai patron. Qu'il ait été délégué syndical ne
change rien au fait que lorsqu'il y a des décisions à prendre, il les assume.

Comme le souligne Alain Sabourin, directeur général de la Scop Aciéries de Ploërmel Industrie (Morbihan) : « Les salariés qui sont invités par le modèle coopératif à mieux partager les décisions doivent comprendre que des instances sont prévues pour cela, en l'occurrence le comité de pilotage et le conseil d'administration. Ils ne peuvent évidemment pas participer à toutes les décisions. La Scop n'est pas un pays merveilleux. C'est une entreprise comme les autres avec des conflits humains à gérer, et des décisions impopulaires à prendre[18]. »

S'il ne peut y avoir de démocratie réelle, cela ne signifie pas que les années à venir ne verront pas la remise en question des modèles auto-cratiques. Face à l'inéluctable augmentation de la demande de fluidité des organisations, les modèles, les statuts, les structures hiérarchiques seront fatalement amenés à évoluer, du moins je le souhaite.

Les années qui s'annoncent seront celles de la maturité de la quête indi-viduelle. Dans ce contexte, l'enjeu sera de parvenir à trouver un équilibre satisfaisant entre cette quête individuelle et la réussite du groupe que constitue l'entreprise, puisqu'un groupe ne peut se résumer à la somme des individus qui le composent.

L'espoir, je l'ai dit, est sans doute à attendre des jeunes générations dont on peut souhaiter qu'elles parviennent à inspirer leurs aînés. La géné-ration Z se distingue aussi en cela qu'elle sera sans doute la première de l'Histoire à avoir des choses à enseigner à ses aînés. Pour autant, cet espoir ne pourra se concrétiser que si l'entreprise se montre capable de définir à quoi correspond le bonheur dans son périmètre propre. Le bonheur professionnel se distingue du bonheur familial ou sentimental. C'est un bonheur spécifique, porté par l'ambition de l'entreprise. Pour que ses salariés soient vraiment libres, c'est-à-dire aussi libres de la quitter, il faut que l'entreprise affirme clairement ses valeurs et sa

---

18. « Reprise en Scop, les conditions de la réussite », *Le Nouvel Observateur*, 16 novembre 2012.

définition du « vivre ensemble ». À partir de là, elle pourra sereinement faire la chasse aux colporteurs de malheur, à ceux qui crachent dans la soupe en permanence et critiquent la moindre action. Il n'y a pas plus détestable que ces salariés figés dans une critique permanente, pourtant scotchés à leur poste, et qui n'assument pas la conséquence : partir. L'absence de projet et l'incertitude dans laquelle se trouvent nombre d'entreprises permettent à ces esprits chagrins de prospérer.

L'entreprise de demain, sûre de son ADN, ne pourra plus l'accepter, même si ces oiseaux de mauvais augure ont de bonnes performances économiques ou un réel pouvoir de nuisance. Aujourd'hui, on ne cesse de s'étonner de voir beaucoup de sociétés (et pas seulement les plus grandes) garder dans leurs équipes, pour de mauvaises raisons, des employés qui vont à l'encontre de la quête collective d'équilibre et de bonheur. Peut-on imaginer une équipe de foot dans laquelle deux ou trois joueurs critiqueraient en permanence les choix du coach en présence des autres ? Comment l'unité et la sérénité de l'équipe pourraient-elles être préservées ? De tels éléments, tout le monde le comprend, seraient rapidement mis à l'écart. Sauf peut-être en France, comme nous l'a montré le fiasco du Mondial de 2010. Toutefois, il ne s'agit pas de transformer l'entreprise en Corée du Nord : la critique doit pouvoir être entendue dès lors qu'elle est en phase avec l'ambition de l'entreprise et a pour but non de l'en éloigner mais au contraire de l'en rapprocher. C'est pourquoi les sociétés doivent apprendre à devenir « discriminantes », osons ce mot tabou. Être discriminant, c'est choisir. Et comment choisit-on ? En étant d'abord clair avec ce que l'on est, pour être en mesure de définir ce qui est bon pour soi et choisir « en connaissance de cause ». Ce qui revient à dire qu'être discriminant, c'est « être ». Être avec sa culture propre, qui ne peut convenir à tout le monde. Ce n'est pas refuser l'autre en tant que tel mais refuser l'autre, y compris pour son propre bonheur, dès lors qu'il apparaît ne pas être en phase individuellement avec le projet collectif.

Ce qui semble évident, c'est qu'il y a urgence à ne pas dévoyer la notion de bonheur, comme on semble pourtant s'attacher à le faire par les mesures « cosmétiques ». Les entreprises devront avoir à cœur de se l'approprier sincèrement, en veillant à ce que cette notion trouve une expression collective *et* différenciée pour chaque entreprise. Sinon, toute la rhétorique autour du bonheur et du bien-être au travail demeurera un écran de fumée par rapport à la vraie vie, un changement superficiel qui n'a pas le courage de s'attaquer aux causes, aux comportements, à la culture.

Pour prouver que cet engagement est sincère, il n'y a pas trente-six solutions. Il faut accepter d'en faire un critère déterminant dans l'évaluation des bonus des dirigeants. La société prônant le bonheur ne sera crédible face à ses troupes que si elle a le courage de soumettre la rémunération de ses dirigeants à des enquêtes sérieuses, documentées et indépendantes de climat interne. À partir du moment où le leadership est crédible, il devient « aspirationnel ». Dès lors, il peut motiver sur le bonheur, encourager ses troupes et obtenir les résultats escomptés. Et en devenant un modèle crédible, il irrigue nécessairement les managers intermédiaires en leur fournissant un modèle à suivre, sur lequel s'appuyer pour guider leur propre action.

Si, comme le dit un proverbe chinois, « le poisson pourrit par la tête », l'entreprise dont le dirigeant est autocratique pourrira lentement du germe de la tyrannie qui se répandra à tous les étages, transformant chaque manager en chefaillon. C'est par la tête que l'entreprise risque de se perdre, c'est par la tête qu'elle peut espérer initier le changement. Carrefour en a durement fait l'expérience : l'actionnaire avait mis à la tête de l'enseigne une personnalité assez autocrate, qui ne travaillait qu'avec des consultants, qui a renouvelé des cadres dirigeants sans tenir compte de la culture de l'entreprise et de son business et ne développant que peu de relations avec ses troupes. En quelques années, la réputation de Carrefour a dégringolé. Le remplacement du dirigeant par une personnalité différente il y a trois ans est en train de porter ses fruits et de refaire de Carrefour le leader incontesté de la distribution. Caractéristiques de ce nouveau leader : avoir redonné du sens aux mots, avoir libéré à nouveau l'énergie humaine. Au-delà de la croissance retrouvée, le groupe pense le futur à l'image de ce séminaire que nous avions organisé sous l'impulsion d'Isabelle Calvez, DRH France dont le moteur est l'innovation et la mobilisation, qui a emmené cent cadres passer deux jours… en 2025 ! Reste à savoir comment parvenir à transformer suffisamment le top management pour atteindre, par capillarité, les niveaux inférieurs… C'est là qu'entre en jeu une donnée nouvelle : l'opinion publique. Cette donnée est nouvelle au sens où l'opinion publique n'a compris que récemment le rôle de contre-pouvoir moral qu'elle pouvait jouer. Ainsi, 70 % des consommateurs de la tranche d'âges 25/49 ans déclarent que l'intérêt porté aux salariés par une entreprise conditionne leur achat. Une enquête menée par Ipsos pour le compte de Sofinco a mis en lumière le fait qu'au niveau européen, 45 % des consommateurs déclaraient s'attacher aux conditions de production pour déterminer leur acte d'achat. Et la tendance ne cesse de croître.

McDonald's France estime par exemple que 25 % de son chiffre d'affaires sont liés à sa bonne réputation d'employeur, confirmée par douze années consécutives de présence dans le classement Great Place To Work®. Ce chiffre est d'autant plus remarquable que l'enseigne, à la fin des années 1990, souffrait d'une mauvaise image d'employeur bas de gamme. Des efforts ont été accomplis pendant des années par McDonald's qui a fait de sa politique employeur l'axe central de sa démarche, au point de devenir un employeur incontournable pour les jeunes. Selon Nawfal Trabelsi[19], directeur général délégué de la chaîne de restauration rapide, ce ne sont pas moins de 400 000 CV qui sont reçus chaque année.

---

19. *Le Figaro*, 18 mars 2015.

L'opinion publique aura donc dans le futur de plus en plus de poids, et pas seulement moral mais également économique, poids alimenté par les miroirs grossissants que sont les sites type Glassdoor ou les réseaux sociaux. Comme les politiques, les marchés financiers sont très sensibles à l'opinion publique. C'est cette sensibilité qui explique la naissance et la mise en place de concepts tels que la qualité de vie au travail ou la responsabilité sociale (ou sociétale) des entreprises, en réponse à des scandales ayant secoué certains géants et inquiété Wall Street. Fidèle au puritanisme anglo-saxon qui accepte de gagner de l'argent tant que l'on peut afficher une façade respectable, Wall Street a cherché à redorer le blason des entreprises. Mais la mentalité française est plus exigeante. On répète souvent ici qu'« il n'y a pas d'amour, il n'y a que des preuves d'amour ». Leur respectabilité, les entreprises doivent en faire la preuve par les actes et pas simplement par la parole. Des actes vécus et validés, qui ne demeurent pas à la surface des choses. Cela exige d'agir sur un triptyque indispensable et indissociable : politique d'entreprise, gouvernance, management.

Donc, le bonheur professionnel est un choix, mais un choix à assumer, à faire vivre. Le bonheur est un choix collectif *et* individuel. Encore faut-il, pour pouvoir l'exercer à titre personnel, que l'entreprise soit totalement transparente dans le contrat qu'elle passe avec un individu. Les contrats, devrais-je dire, car il semble nécessaire, pour assurer cette transparence, d'avoir le courage d'établir deux contrats : un contrat juridique lié au droit du travail et un contrat moral définissant les modalités du « vivre ensemble » dans l'entreprise et stipulant à quoi l'on va croire ensemble. Ces deux contrats seront la garantie que la personne s'engage tant sur ses droits que sur ses devoirs. On définira ainsi ce que chacun est censé offrir aux autres et ce qu'il peut attendre des autres. Dès lors qu'on s'engage sur le bien-être, qu'on s'engage à offrir un cadre de vie, il faut objectiver le projet sur des rites et des règles claires. Et objectiver ne signifie en rien traduire le bien-être uniquement en termes de moyens ou de biens. Le bonheur, en entreprise, commence par des choses très simples : l'utilité, la vision et la considération. Quand on sait pourquoi on se bat, pourquoi on se lève le matin et que l'on est reconnu quand on le fait avec compétence et application, la plus grande partie du chemin est faite.

Encore une fois, les jeunes générations ne s'y trompent pas : si elles se dirigent plus vers les PME, qui n'offrent pas autant d'avantages en nature, c'est parce qu'elles savent que les éléments primordiaux seront au rendez-vous. Mais les jeunes générations ne pourront tout attendre de leur entreprise. Elles auront aussi une responsabilité, notamment les jeunes managers. Cela implique une révolution à faire dans les écoles de management qui se focalisent sur le savoir-faire et sous-estiment le savoir-être. C'est d'ailleurs toute la chaîne de recrutement qu'il faudra adapter, depuis la formation jusqu'aux critères de sélection des entreprises. L'hyper-compétence dans un business ne fait pas nécessairement de vous un bon manager, pas plus que l'hyper-compétence dans une discipline ne fait de vous un bon pédagogue. Faire progresser ses ventes année après année n'implique pas que l'on ait les deux qualités essentielles d'encadrement que sont l'empathie et l'écoute. Qualités pourtant faciles à évaluer aujourd'hui, des outils de psychologie efficaces existent pour cela. Didier Rocher, fils d'Yves Rocher et père de Bris Rocher, actuel président du groupe éponyme, a formulé ce qui à mes yeux est une excellente définition de ce que doit être un manager : « un tiers de tripes, un tiers de cœur, un tiers de cerveau ».

Les grands groupes auront par nature plus de mal à intégrer ces changements et n'y parviendront qu'au prix d'une révolution culturelle du management. Tant qu'ils seront assujettis aux marchés financiers et subiront donc des règles émanant d'un univers qui n'est pas le leur, forçant leurs dirigeants à des pratiques contraires à leur propre environnement, ils n'y parviendront pas. Ils devront tôt ou tard sortir de cette domination culturelle des marchés financiers (sortie qui ne remet pas en cause la légitimité actionnariale de ceux-ci) et imposer à nouveau leurs référents culturels. Bref, redonner de la légitimité à la gouvernance.

Cette légitimité passera aussi par l'émergence d'un véritable binôme PDG/DRH, pour que soient portées de concert la vision stratégique et la vision humaine qui sont interdépendantes. C'est ainsi que l'on pourra donner ou redonner du sens à des expressions comme « porter le maillot de mon entreprise », « être mon entreprise », à l'image des Danoners de chez Danone ou des Bibs de chez Michelin.

Cette fierté sera sans doute plus difficile à faire renaître en France qu'ailleurs, où l'on se méfie des allégeances. Rares sont ceux qui revendiquent le drapeau tricolore, symbole fort que l'on a abandonné à l'extrême-droite. Peut-être est-ce là aussi une des clefs de la dépression française ? Pour la France, cela implique aussi une nouvelle vision de l'entreprise de la part des dirigeants politiques ou syndicaux, en la plaçant au centre de la cité, en reconnaissant ses interactions avec les autres dimensions de la société. De son côté, l'entreprise devra assumer son rôle social et ouvert, pour éviter le piège dans lequel Google, par exemple, est tombé, en créant un écosystème extrêmement favorable pour ses troupes mais mal vécu en dehors. Il suffit de se rappeler le caillassage des bus Google par les riverains qui ont le sentiment d'être les laissés-pour-compte de l'organisation du géant du Net. L'entreprise œuvrant en cercle fermé pour le bonheur des siens n'est pas un idéal, c'est une illusion sectaire.

Du reste, pourquoi devrait-on aller chercher outre-Atlantique des modèles qui ne nous correspondent pas lorsque nous avons, à portée de regard, des exemples signifiants, comme les ETI familiales ? Aussi doit-on leur lancer un appel pour qu'elles prennent la parole, pour que leurs dirigeants se fassent violence en oubliant leur pudeur et leur fidélité à la célèbre maxime « Pour vivre heureux, vivons cachés ». Ces dirigeants d'ETI doivent réaliser que ce qui est normal pour leur entreprise, notamment leur attention envers leurs salariés, est souvent devenu l'exception partout ailleurs. Cet appel doit aussi être entendu par les médias dont l'approche de l'entreprise est aussi fortement datée et qui pourraient trouver, auprès de ces ETI, matière à des articles forts et innovants.

Aujourd'hui, nous entrons dans une période charnière, qui verra la disparition de 35 à 45 % des emplois à cause de la digitalisation de l'économie. Mais si le tableau est sombre, on l'a vu, des lueurs d'espoir existent avec l'arrivée d'une génération nouvelle, des façons inédites de travailler avec les technologies numériques, des exemples sur lesquels s'appuyer avec les ETI familiales. C'est le moment idéal pour proclamer : « Le bonheur m'appartient en tant qu'être humain, en tant qu'entreprise. » Et d'apprendre à l'assumer.

Le débat du bonheur, du bien-être ou encore de la considération renvoie au sens et à la vocation collective de la marque. Seule une culture forte fait adhérer à un projet au nom d'une ambition partagée et d'une vision de l'œuvre collective. Il appartient à la gouvernance de créer les conditions de ce discernement en tenant compte de sa charge émotionnelle pour permettre à chacun de dire « j'en suis » !

Chapitre 3

Les modèles alternatifs existent, je les ai rencontrés

Nous avons passé en revue les modèles dominants, avec les conséquences qu'ils impliquent ; il est à présent temps de s'intéresser aux modèles alternatifs que j'ai déjà eu l'occasion d'évoquer dans les pages qui précèdent. Des modèles qui se construisent généralement sur le bon sens, ce bon sens qui fait défaut aux grandes entreprises lorsqu'elles se bornent à appliquer des ratios qui, pour séduisants qu'ils apparaissent à un regard financier, conduisent parfois à des aberrations économiques.

La grande différence – qui saute aux yeux – entre les modèles alternatifs et les modèles dominants, c'est que les seconds ont pour conséquence de tirer vers le bas. Comme il est impensable de ne pas être « dans les ratios » (définition du dogmatisme économique), on utilise tous les moyens pour y entrer ou y rester, y compris des moyens qui sur le moyen ou le long terme peuvent s'avérer fortement préjudiciables pour l'entreprise elle-même. Or, être « dans les ratios », c'est déjà s'interdire d'être « au-delà ». On voit là combien est absurde cette position, qui interdit une certaine forme d'ambition et condamne même le dépassement de soi. À y regarder de plus près, on n'est pas loin de la planification à la soviétique, qui interdisait « les têtes qui dépassent ». Le soviétisme imposé par les marchés financiers, c'est une véritable ironie de l'histoire !

Cette « machine à échouer » trouve assez bien son illustration dans le monde du conseil où l'on voit de grands groupes racheter des entreprises indépendantes performantes et parvenir, en quelques années, à détruire ces entreprises en leur faisant perdre leur âme, à coups d'applications rigoureuses de dogmes. En fait, l'application du dogme des ratios s'apparente à une négation du réel. La vie d'une entreprise est faite de hauts et de bas, le savoir-faire de son dirigeant étant de réussir à maintenir un équilibre entre ces deux tendances. « Négation du réel », voilà encore une similitude entre les travers des grandes sociétés et le monde politique. Ces modèles alternatifs, quels sont-ils ? On y trouve, pêle-mêle et sans volonté de classification, la PME familiale, les ETI et groupes familiaux – dont certains emploient plusieurs dizaines de milliers de personnes, voire plus à travers le monde –, les mutuelles ou encore les Coop. Il ne s'agit pas ici de dresser le portrait idéal d'un modèle par rapport à un autre, mais de mettre en lumière des entreprises qui tranchent avec la démobilisation ambiante. Nos travaux nous ont conduits à en rencontrer ; à rencontrer des gens heureux de se rendre au travail, des gens qui croient en la « vista » de leur patron, des gens qui forment corps avec leurs collègues pour l'intérêt de l'entreprise. Je mets à part certaines startups – nouveau type d'entreprenariat technologique et numérique qui nous vient des États-Unis – dont le business consiste à lever des fonds pour se lancer et à être revendues après environ cinq ans pour obtenir un retour sur investissement. Il est difficile dans ce cas de parler d'entreprenariat durable.

Ce que l'on constate, c'est que dans « ETI familiale », le mot important semble être « familiale ». On remarque en effet que lorsque ces entreprises sont dirigées par leur fondateur ou l'un de ses descendants, les actions sont inscrites dans le sens de la pérennité, en ayant à cœur de les prolonger dans le temps. La transmission y est l'une des valeurs cardinales. Une autre de ces valeurs est la place que l'on accorde aux hommes dans l'entreprise. On y observe généralement, sur le terrain, une attention sans faille portée aux salariés. Bien sûr, ce « généralement » comporte sa part d'exceptions, il ne s'agit pas de tomber dans un angélisme béat. Mais dans la plupart des cas, le dirigeant de ce type d'entreprises de taille importante s'intéresse à tous, à défaut de connaître chacun de ses employés. La volonté de faire grandir les personnes, de conduire chacun au-delà de son seuil de compétence, la capacité à créer une dynamique collective font partie du discours de ces dirigeants au quotidien. « Attraction, rétention des talents et cohésion des équipes sont au cœur de la stratégie des entreprises de taille moyenne. Au travers d'actions déjà engagées ou envisagées, ces entreprises font de l'engagement de leurs collaborateurs un des axes principaux de leur développement actuel et futur », déclare Adrien Desboudard, directeur des ressources humaines de GE Capital France[20].

Lorsqu'on les interroge sur les éléments qu'ils considèrent comme ayant le plus d'impact sur les performances de leur entreprise, les dirigeants des ETM (qui regroupent ETI et PME) citent *en premier*, dans l'ordre :

- le comportement et l'état d'esprit des employés (42 %) ;
- le niveau de compétence des employés (38 %) ;
- le degré d'esprit d'équipe (36 %) ;
- l'attitude managériale (33 %)[21].

Comme on l'a vu dans le chapitre précédent, cette attention portée à l'humain est *a contrario* très rare dans les grands groupes cotés en Bourse. Ce qu'il est intéressant de noter, c'est que l'humain semble inscrit dans l'ADN de ces entreprises et qu'à partir de là, la culture de

---

20. Étude menée par GE Capital France en partenariat avec HEC auprès de 1 600 dirigeants d'entreprises européens (PME-ETI) basés dans l'UE.

21. *Idem.*

l'entreprise dépasse l'individu tout comme elle dépasse le dirigeant. La plupart du temps, à la question « quelle est votre priorité en tant que dirigeant ? » on obtient à peu près la même réponse : « faire croître l'entreprise pour la transmettre dans de meilleures conditions encore que celles où je l'ai reçue, dans le respect de notre culture et de nos équipes ». Humain et Culture.

Dès lors, le dirigeant est au service de la culture de son entreprise, durant le temps de son mandat. La taille de la société n'a en l'occurrence que peu d'importance. Le cas de Michelin, multinationale familiale cotée employant 112 300 personnes (selon les chiffres arrêtés au 31 décembre 2014), est exemplaire : Michelin n'a jamais trahi ses valeurs au sens humain du terme. Mieux : l'entreprise clermontoise a bâti des rites initiatiques centrés sur le produit et l'usine qui valident ou non la capacité d'un candidat, fût-il cadre supérieur, à entrer dans la famille des Bibs, à commencer par un long passage en usine pour « porter le bleu »… Il est fréquent d'entendre dans cette maison que la seule ressource reconnue est le caoutchouc et que jamais les femmes et les hommes qui la composent ne seront assimilés à des ressources, même humaines ! C'est aussi le cas de General Electric qui, aujourd'hui encore, vit avec l'ADN culturel de Jack Welch, qui dirigea le groupe américain entre 1981 et 2001 et qui portait un regard radical sur l'engagement : « Il y a trois types de cadres chez nous : ceux qui portent en eux les valeurs du groupe et atteignent leurs objectifs, parmi lesquels l'un ou l'une me remplacera ; ceux qui portent les valeurs mais peinent à atteindre leurs objectifs, ceux-là l'entreprise doit les aider ; ceux qui performent mais ne se soucient pas de nos valeurs, ceux-là il faut s'en séparer. Rajoutons le cas de ceux qui ne se soucient pas des valeurs et sous-performent : dans ce cas, il faut virer ceux qui les ont recrutés ! »

Certes, tout dépend d'abord du profil psychologique du patron, mais on s'aperçoit que dans la plupart des cas, ce profil a suffisamment de leadership pour infuser la culture profonde de l'entreprise et perdurer.

Il semble donc clair que lorsque l'on fait de la culture un élément fort, discriminant et liant de son entreprise, celle-ci est amenée à durer, à se développer et à être attractive. Comment, dès lors, parvenir à faire migrer cet état d'esprit précieux vers les grands groupes qui ont délaissé leur culture ? D'autant qu'en France, les grandes entreprises ne se mélangent traditionnellement pas avec les PME ou les ETI. Mais cet état de fait est justement en train d'évoluer peu à peu. Sous l'influence des startups, fortement médiatisées notamment en raison de leur profil managérial atypique, les grands groupes commencent à se pencher sur ces modèles alternatifs possédant des caractéristiques qui leur font défaut. Ils envient notamment cette souplesse, cette agilité qu'ils ont généralement perdues. Cela signifie – et c'est une bonne nouvelle – que les grandes entreprises prennent peu à peu conscience du caractère kafkaïen de leur organisation et du fait qu'il leur faut repenser la place de l'humain dans leur modèle. Cette prise de conscience s'accompagne d'un renouvellement des cadres dirigeants, qui sont moins enclins à « jouer leur vie » au travail et plus sensibles à des notions comme la qualité de vie et l'épanouissement personnel.

Par ailleurs, les grandes entreprises doivent faire face au renouvellement des salariés. Issus des nouvelles générations, ils osent désormais affirmer leur appétence de bonheur, de bien-être, de reconquête d'une forme de liberté personnelle, et tout dirigeant souhaitant fidéliser ses talents doit tenir compte de cette nouvelle donne. C'est même à une véritable lame de fond que l'on assiste, qui a ou aura forcément une influence considérable sur les vieux réflexes. Il ne faut pas oublier non plus la poussée des sujets de société liés aux affaires de burnout et de souffrance au travail.

Certes, ce changement ne se fera ni en un jour ni sans une prise de responsabilités de la part des entreprises qui peuvent proposer un modèle alternatif. Les ETI, quels que soient leur taille et leur secteur d'activité, dès lors qu'elles inscrivent leur action dans des valeurs humaines fortes, ont le devoir citoyen de partager leur approche. Bien sûr, je l'ai déjà dit, les dirigeants devront se faire violence et surmonter des années de tradition de discrétion. Mais ce devoir, selon moi, n'est pas que moral : il pourrait même devenir un impératif économique, tant il est clair que l'on ne peut s'épanouir au milieu d'un champ de ruines. Ces îlots ne peuvent espérer continuer de prospérer au milieu du chaos. Mieux, ils sont la réponse à la dégradation continuelle de l'image de l'entreprise dans notre pays. Les milliers de PME et d'ETI où tout se passe bien doivent prendre la parole pour changer la vision négative que les Français ont de l'entreprise et qui est l'un des freins au développement du pays sur le plan industriel et commercial. Ne pas s'exprimer, ne pas s'investir dans ce combat serait prendre part au « déclin français », ce qui serait tout de même une attitude paradoxale, venant d'entreprises qui se battent au quotidien pour que la France garde son rang dans le concert des nations, sur le plan économique.

Donner de la visibilité aux efforts de ces entreprises, c'est aussi peut-être le moyen d'agir sur les freins énormes qui pèsent sur elles en matière fiscale, notamment. Autant certaines grandes entreprises, qui se plaignent des conditions qui leur sont faites en France, sont parfois peu crédibles lorsque l'on constate leurs pratiques en matière d'emploi, autant ces ETI sont la preuve de la bonne volonté entrepreneuriale. Il est donc important qu'elles se mobilisent, avec les pouvoirs publics, pour qu'enfin on les apprécie à leur juste valeur en France : c'est un enjeu majeur des prochaines décennies.

Découvrir ces entreprises de l'intérieur incitera à abandonner la gestion « subalterne » de l'humain qui a trop souvent cours. En caricaturant à peine, on peut dire que les grands groupes se soucient de l'humain quand la météo est bonne et le sacrifient par gros temps. C'est le concept bien connu de « variable d'ajustement », concept hautement fédérateur, s'il en est. Qui n'a jamais rêvé d'être une variable d'ajustement quand il était petit ?

Si les ETI sont à ce point passionnantes, c'est qu'elles renversent ce paradigme, en faisant de l'humain l'une des conditions de leur succès. Elles savent que, comme le disait le constructeur automobile *Henry Ford* : « Les deux choses les plus importantes n'apparaissent pas au bilan de l'entreprise : sa réputation et ses hommes. » Elles ont clairement abandonné, autant que faire se peut, le yoyo social. Cela ne veut pas dire qu'elles refusent de toute éternité d'exercer leur droit à licencier, mais elles ne le font qu'en dernier ressort, lorsqu'il en va de leur survie. Mais elles ont développé une véritable ingénierie de l'humain, qui leur permet notamment de conserver la motivation de leurs équipes en période creuse, par le truchement d'une parole claire sur la stratégie. Or, les grands groupes se caractérisent souvent, eux, par leur courage à communiquer quand tout va bien et à se faire porter aux abonnés absents lorsque tout s'assombrit.

Ces entreprises dont les dirigeants croient en l'humain bénéficient en retour de la confiance des salariés en termes de business. Pourquoi ? Parce que le fondateur d'une entreprise est généralement spécialiste d'un domaine dans lequel il souhaite faire fructifier ses compétences et ses intuitions. Ses héritiers naissent et sont biberonnés dans cette atmosphère professionnelle, et leur légitimité est entière car elle s'apparente souvent à leur destin. À l'inverse, nombre de dirigeants nommés sont comme les cascadeurs qui enchaînent des tournages à Cinecittà puis à Pinewood pour finir à Hollywood. Aux yeux de leurs salariés, ils ne sont pas forcément crédibles pour comprendre la spécificité de leur métier. C'est pourquoi j'appelle de mes vœux un changement de pratique dans la nomination des grands dirigeants, en exigeant d'eux un vrai temps de découverte et d'apprentissage du ou des métiers de l'entreprise qu'ils sont amenés à diriger. Le métier n'est-il pas une part essentielle de la culture d'une entreprise et, en réclamant cette formation, ne réclame-t-on pas simplement que le dirigeant de l'entreprise s'approprie la culture de son entité ?

Mon métier me rend témoin de ce que la nature humaine a de meilleur mais aussi parfois de peu reluisant dans le monde de l'entreprise ; mais avec l'expérience, je n'aime retenir que les belles rencontres, ces moments magiques qui construisent des relations fortes. Le reste suscite souvent de la compassion et même de la tristesse, devant ce qu'il convient parfois d'appeler un gâchis humain.

Prenons quelques exemples qui méritent d'être mis en avant.

Le groupe Rocher, l'amour du végétal

Ce groupe a été fondé en 1959 à La Gacilly, petit village breton, par Yves Rocher (disparu en 2009), qui a inventé la cosmétique végétale et la vente par correspondance. Ses fils ? Daniel, sculpteur, a fondé Daniel Jouvance. Jacques, amoureux des arbres, s'occupe du développement durable, préside la Fondation Rocher et a repris le mandat de maire de La Gacilly à la suite de son père, où il a créé l'un des plus importants festivals de photo « à ciel ouvert ». Didier, l'aîné, n'a dirigé que deux ans l'entreprise avant de décéder accidentellement en 1994. C'est aujourd'hui son fils, Bris, âgé de 38 ans, qui préside un groupe de huit marques (dont Petit Bateau, Stanhome World et Dr Pierre Ricaud), 15 000 salariés et 40 millions de clients à travers le monde. Sa priorité, que j'oserais qualifier de « génétique », va bien au-delà du fait de poursuivre l'œuvre familiale en assurant la croissance d'un groupe puissant : il s'agit de faire de la culture de ce groupe le levier de cette croissance.

Là où certains se seraient laissés griser par le pouvoir, Bris Rocher, fan de jazz, tout en retenue, est d'une simplicité contagieuse : pas de cravate, pas de distance… La cosmétique végétale l'habite. Transmettre à ses équipes, de haut en bas, l'ambition de la science des plantes libère les énergies. Entrepreneur dans l'âme, sa prise de fonction s'accompagne de cette libération, partant du principe que plus les équipes seront libres, plus elles créeront, plus elles s'auto-responsabiliseront les unes avec les autres…

Je ne peux pas prétendre bien connaître cet homme, mais lors de nos différentes rencontres j'ai été séduit par sa sincérité et sa volonté d'entraîner les autres ! Il a compris que le sens même du leadership et du management est de permettre à chaque collaborateur d'être pleinement acteur de sa vie dans la conscience du pourquoi et du comment. Tous les salariés, y compris les personnes qui prennent un magasin en franchise, vivent un vrai parcours initiatique à La Gacilly. J'ai eu l'honneur d'y participer : ce fut un grand moment de ma carrière.

Accompagnant un groupe de personnes récemment embauchées, j'ai visité *le* point de départ : le grenier où tout a commencé, au 2, rue Saint-Vincent, au-dessus de la boutique de chapeaux des parents d'Yves Rocher. Quelques mètres carrés où fut créée la première crème à base de ficaire. Moment solennel, empli d'admiration, en lisant les lettres de remerciements de l'époque, en découvrant les encarts de publicité… J'observais du coin de l'œil ces collaboratrices qui toutes recevaient en héritage ce lieu et cette histoire. La culture est parfois indicible ; là, dans ce minuscule grenier, elle était tout simplement vivante et éternelle ! Je me revoyais en 1990 devant la porte en bois, conservée précieusement comme une relique, de la première agence de Marcel Bleustein-Blanchet, fondateur de Publicis où j'ai passé seize ans à créer différentes structures. La même émotion. Les époques changent mais la mystique de la transmission, si elle ne tombe pas dans la caricature, est une force hallucinante qui donne du sens à chaque maillon venant enrichir la chaîne ! Transformés en témoins – en héritiers – de l'acte fondateur, nous avons poursuivi l'initiation en visitant l'ensemble des sites dédiés au végétal et à la production industrielle bio. Nous avons quitté le fief familial convaincus de la force de l'histoire pour nourrir le futur, convaincus aussi du fait que le vivant est le moteur de cette marque et qu'il appartient à chacun d'en être militant !

Au moment où nombre d'entreprises sont en panne de rituels ou peinent à les habiter, l'exemple de Bris Rocher et de son groupe donne de l'espoir à celles et ceux qui goûtent le sens des autres…

GiFi, la culture du plaisir

J'ai déjà eu l'occasion de citer l'entreprise GiFi dans mon précédent livre, *Le Prix de la confiance*, mais je ne résiste pas à l'envie de le faire de nouveau. En effet, outre que GiFi est devenu le leader de son secteur et connaît une croissance à deux chiffres en perspective de son objectif de mille magasins, le moteur même de cette *success story* est 100 % culturel et le génie de son fondateur, Philippe Ginestet, est de faire du plaisir le leitmotiv de toutes ses activités. Prendre du plaisir et en donner : tel est en effet son crédo, comme le souligne la *base line* de l'hôtel 5 étoiles, Le Stelsia, qu'il a ouvert à Saint-Sylvestre-sur-Lot, « Le plaisir de faire plaisir ».

Pour ce fondateur, élu l'an dernier « Autodidacte de France », vivre au milieu de ses troupes est le sens même de son engagement de patron, qu'il a transmis très tôt à son fils Alexandre, entré dans le groupe à l'âge de 17 ans. Pour espérer que ses équipes donnent le meilleur d'elles-mêmes à la clientèle de GiFi, il part du principe, plein de bon sens, que son fils et lui, les premiers, doivent donner le meilleur d'eux-mêmes… Le secret de son leadership se résume en un mot : le partage ! Partage de la réussite : toute personne qui porte avec fierté le maillot GiFi et s'y consacre pleinement peut espérer devenir son propre patron, en tant que mandataire. Partage au sens de la fête : pour Philippe Ginestet, l'entreprise n'est pas synonyme de « métro, boulot, dodo » ; elle est un vrai lieu de vie au sens humain, avec des collègues avec lesquels il est possible de bâtir de belles histoires. Les séminaires de motivation qu'il organise dans son chalet de Megève font partie de la légende, tout comme le « GiFi poker plaisir », premier tournoi de poker (sans argent) en ligne qui a réuni plus de 1 000 collaborateurs en une partie…

Mais le secret de cet homme passionné par sa terre natale repose sur le sens du détail : chaque salarié est quelqu'un pour lui, et connaître chacun est sa réalité. « Autrement, comment être considéré comme leur patron ? » Illusion pour beaucoup, réalité vécue pour lui : chaque année il parcourt 20 000 kilomètres à bord de sa Viano pour visiter en un mois 50 % de son parc de magasins, été comme hiver il reçoit 300 salariés chez lui… Sa proximité et son sens du commerce sont les deux piliers de l'attachement que ses équipes lui vouent. « Se battre pour un homme qui donne tant, quoi de plus normal ? », témoignent-elles.

Pour Philippe Ginestet, la culture d'entreprise se résume en un mot : la famille, qui inclut au-delà de sa propre famille, ses collaborateurs et ses clients ; et lorsqu'il invente le slogan « La distribution a du cœur », c'est clairement pour signifier qu'on ne rigole pas avec la culture chez GiFi !

LE GROUPE AUCHAN, LA CULTURE DE L'ÉCONOMIE

Le fondateur du groupe Auchan, Gérard Mulliez, qui se qualifie lui-même de « radin de nature », est à l'origine d'une incroyable galaxie d'enseignes dont l'épicentre est l'humain (330 700 collaborateurs, 53,4 milliards d'euros de chiffre d'affaires en 2014). Résolument optimiste, fondamentalement iconoclaste, le verbe haut et l'esprit alerte pour ses 84 ans, ce féru de numérologie aime à disserter sur un acrostiche préparé dans la nuit, égrenant les mots « amour, union, confiance, hommes, agir, nations… » « Je me suis dit qu'il fallait que les gens retiennent ce qu'est Auchan[22]. »

En étant pionnier de l'actionnariat en France, le groupe Auchan a fait de la notion de partage des richesses une de ses raisons d'être. « J'ai voulu

© Groupe Eyrolles

---

22. *Le Nouvel Observateur*, 24 septembre 2015.

mettre en route l'actionnariat en 1968, mais ma famille n'a pas voulu. J'ai mis huit ans à l'obtenir en remettant avec mon DRH nos démissions : nous préférions partir plutôt que de renoncer à ce modèle auquel nous croyons. Aujourd'hui chez Auchan il y a 163 000 collaborateurs actionnaires dans 9 pays et ils détiennent plus de 10 % du groupe[23]. » Pour devenir actionnaire, chaque salarié doit suivre une formation à l'économie, ce qui permet à chacun de comprendre le sens de ce qu'on lui demande. Ce géant aux valeurs humanistes assumées adopte une posture limpide, bien loin des clichés et des modes qui passent : « Vous savez qu'à partir du moment où vous faites des efforts, où vous allez jusqu'au bout de vos idées, vous allez faire progresser l'entreprise et en bénéficier. » Le bon sens, tout simplement. Dans ce groupe, la culture passe par l'apprentissage et la formation pour développer l'ascenseur terrain. L'emploi des jeunes est bien plus qu'un objectif, c'est un devoir, y compris pour les aider à créer leur entreprise. Le parrainage humain et financier développé dans toutes les enseignes de la famille Mulliez a permis de créer plus de 300 *business units*, tout comme le réseau Entreprendre Nord qu'elle a contribué à faire naître et qui a aidé à ce jour 8 500 entreprises.

Chez Auchan, mais aussi chez Leroy Merlin, Décathlon, Kiabi, Boulanger, Norauto (…), la culture du développement personnel associée à la compréhension économique permet à chacun de se positionner durablement dans l'entreprise et confère à chaque échelon managérial un rôle fondamental de transmission de la culture d'entreprise.

Altrad, l'histoire du petit berger syrien devenu l'entrepreneur mondial 2015

Comme pour beaucoup, la vie de Mohed Altrad me parle en écho à l'exode de ma propre famille. Cet homme qui ne connaît pas sa propre

---

23. *Ibid.*

date de naissance, né d'un viol dans une tribu de Raqqa et dont la maman fut de fait répudiée et mourut après sa naissance, a, comme il le dit, « gagné sa place » en faisant de son entreprise le numéro 1 européen des échafaudages avec près de 2 milliards d'euros de chiffre d'affaires !

Mais son cas est surtout intéressant quant à la manière dont il a élevé des principes culturels en principes de vie au sein de son entreprise. Pour lui, dans l'entreprise comme dans la vie, l'essentiel est avant tout de miser sur l'humain. En tant que président du club de rugby de Montpellier, la métaphore est vite ovale : « Vous savez, il y a peu de différences entre un gagnant et un perdant, que l'on se dispute un marché ou un match de rugby : tout se joue, au bout du compte, sur la motivation des hommes, le supplément de cœur qu'ils mettent dans ce qu'ils font. Tout se joue sur les valeurs. La technique, l'organisation, c'est important, mais ce sont les valeurs qui font la différence[24]. »

Celui qui recopiait les livres de ses camarades car il n'avait pas l'argent pour se les payer, n'a de cesse de formaliser la *culture* : « Je travaille depuis trente ans pour éditer une charte, que nous réactualisons tous les trois ans. La dernière en date s'appelle «les chemins du possible». C'est un débat auquel participent les salariés, et qui devient un petit livre, constamment enrichi. On y définit le sens des mots : par exemple «courage». Le courage, c'est vaincre ses peurs, mais ce n'est pas faire preuve de témérité. Ni d'entêtement. Quelqu'un qui se dit courageux en entreprise l'est-il vraiment ? Pour répondre, il faut questionner le sens du mot. Même chose pour «solidarité» ou «justice». La charte est difficile à transmettre à des gens qui, parfois, ne savent pas bien lire le français. C'est le rôle des cadres. Ce que je prône, je dois l'appliquer aussi. Celui qui travaille plus dur doit gagner davantage. Altrad va réaliser cette année presque 2 milliards de chiffre d'affaires, pour

---

24. « Rencontre avec Mohed Altrad, ce Franco-syrien élu meilleur entrepreneur du monde », http://lexpansion.lexpress.fr, 16 novembre 2015.

environ 200 millions de bénéfices : un tiers de cette somme est reversé aux salariés selon une double base (fixe et variable)[25]. » On est loin des chartes qui restent dans les tiroirs !

Bouygues Telecom, « tout n'est pas à vendre ! »

Martin Bouygues ne pourrait pas être plus clair : « Une entreprise n'est pas une marchandise comme une autre, tout n'est pas à vendre », a-t-il lancé le 24 juin 2015 au micro de RTL, au lendemain du rejet de l'offre de 10 milliards d'euros proposée par Patrick Drahi (SFR-Numericable) pour avaler sa filiale Bouygues Telecom. En une phrase, le fils de Francis Bouygues a donné tout son sens à la différence entre une logique financière et une logique patrimoniale de l'entreprise. En refusant un chèque équivalant quasiment à la valeur boursière de son groupe, ce capitaine d'entreprise a été au rendez-vous de ses salariés mais aussi de l'histoire.

Depuis l'arrivée de Free sur le marché des télécommunications, ce « bébé » qu'il avait créé avec une poignée de fidèles du groupe de construction était chahuté et voué – selon les commentateurs bien-pensants – à se faire avaler ! C'était sans compter avec deux éléments essentiels à la pérennité d'une entreprise : la stratégie d'une part, la culture d'autre part ! Le big-bang sectoriel des années 2012-2015 a certes mis à mal la stratégie de tous les opérateurs télécom, obligés de naviguer à vue sans boussole… La guerre des prix a créé une perte de valeur considérable et des flux de clientèles passant de l'un à l'autre. Mais ce que personne n'avait prévu, c'était la capacité de rebond stratégique du groupe patronymique : tout d'abord en se réorganisant et en menant deux plans de départs volontaires, qui loin des assimilations à des licenciements secs ont permis à 2 000 personnes de choisir une autre voie, accompagnées par Bouygues Telecom – en ce sens les témoignages

---

25. *Ibid.*

de remerciements reçus par la direction des ressources humaines sont édifiants. Premiers plans de ce type dans l'histoire du groupe Bouygues, aucun licenciement sec n'a été effectué, l'idée même ayant été rejetée par la direction. La nécessité de se restructurer n'enlève rien à la qualité des personnes concernées et encore moins au bout de chemin de vie mené avec le groupe.

En parallèle de ce travail exemplaire sur le plan humain – eh oui, au risque de choquer, une restructuration peut être exemplaire –, un déménagement pour rassembler toutes les équipes sous un même toit (le technopôle), un travail de simplification des offres, un recentrage sur les usages numériques et le leadership pris très rapidement sur la 4G ont permis à Bouygues Telecom de reconquérir des parts de marchés et d'annoncer au-delà de 2017 une marge brute d'exploitation de 35 % contre 17,1 % en 2015[26] ! L'histoire s'accélérant, cela se fera peut-être au moment où ce livre sera en impression, en partenariat avec d'autres acteurs, mais en parfaite harmonie culturelle et en cohérence avec un vrai projet industriel.

Bouygues Telecom est un cas d'école où la force des mots « engagement, fidélité, croyance, confiance » soulève des montagnes ! La culture du groupe qui depuis toujours est « *human centric* » (souvenons-nous du Minorange créé par Francis Bouygues pour ses ouvriers) est clairement le ciment qui a permis à ces milliers d'individus de passer la tempête et de faire les sacrifices nécessaires. La culture se mue ici en symbole de vie et d'existence : je crois donc je suis !

Philippe Cuénot, DRH de Bouygues Telecom et orfèvre discret de cette réorganisation, sait que ce ciment culturel fait la force et l'avenir du groupe. Entré lui-même il y a plus de trente ans dans le groupe, il constate la puissance de cette culture : « Tu mets dans une pièce une trentaine de collaborateurs du groupe qui ne se connaissent pas

---

26. *Le Figaro*, 7 octobre 2015.

forcément, ils sont d'emblée à l'aise car il y a quelque chose qui les unit et qui fait que personne n'est étranger à l'autre ! » Le clan, la famille, la tribu, je ne sais quel terme est le plus approprié mais la cohésion culturelle au sein de ce groupe dont les activités vont de la construction aux médias et aux usages numériques est telle que les empires fondés sur le mythe de l'argent facile pèsent peu à côté !

La fidélité est une vraie force, même si selon Philippe Cuénot elle est difficile à expliquer aux plus jeunes qui ont du mal à comprendre que l'on puisse passer trente ans dans une même entreprise. Quelle meilleure preuve donner à un jeune plein de potentiel que celle des parcours incroyables que l'entreprise a créés en avançant, à l'image d'Olivier Roussat, PDG entré comme ingénieur à la direction du réseau ? « Les rituels liés à la fidélité sont importants chez Bouygues, chaque décade est un cap important et salué comme tel par le groupe ; la réciprocité de la reconnaissance est forte. »

Pour Philippe Cuénot, la culture d'entreprise est ce qui permet à chacun de sceller un pacte de confiance avec l'entreprise ; c'est tout sauf de la communication. C'est une volonté structurée de transmission et d'accompagnement pour donner du sens à l'aventure individuelle et collective. « Au nom de la culture », une politique RH devient autre chose qu'une simple politique RH, elle est aussi projet de vie !

Schmidt Groupe, l'ADN familial devenu culture

Conçu au fil du temps comme une véritable entreprise étendue, Schmidt Groupe est aujourd'hui un écosystème unique en son genre qui maîtrise 100 % de la création de valeur pour le consommateur, de la conception à la fabrication et à la distribution de meubles sur mesure, du local à l'international… Ses marques Cuisines Schmidt et Cuisinella sont leaders sur leurs secteurs. Le groupe, fondé en 1934 par le grand-père de l'actuelle présidente Anne Leitzgen, a grandi en conjuguant excellence industrielle et commerciale, en bâtissant des réseaux de vente composés d'indépendants affiliés à ses marques, et en développant ainsi une proximité exceptionnelle avec les consommateurs. Agréger des parties prenantes qui œuvrent pour le plaisir de ces derniers, passe par une culture passion où chacun est ambassadeur aussi bien d'un savoir-être que d'un savoir-faire unique ! L'audace du fondateur se perpétue ainsi de collaborateur en collaborateur. Cette quête d'excellence a même donné lieu à un travail de co-construction avec des patrons de magasins pour rédiger un « pacte employeur », désormais remis à chaque embauche mais aussi aux clients ! La culture par les preuves du management…

Avec plus de 7 500 personnes, Schmidt Groupe se définit comme une entreprise étendue avec avant tout une énergie humaine qui repose sur la liberté d'être et d'agir et une culture de l'innovation pour sans cesse anticiper ce dont les consommateurs auront besoin demain. Créateur de tendances, acteur industriel majeur, commerçant dans l'âme : Schmidt Groupe a la force d'une aventure familiale avec l'indépendance de ses rêves. La passion de l'humain a façonné une culture d'entreprise fondée sur un esprit de co-construction et de co-réussite. « Être les meilleurs, respecter chacun, réussir ensemble », la devise de Karl Leitzgen, le père d'Anne, est partagée par tous.

La volonté de libérer les énergies, de donner confiance à tous, de permettre à chacun de croire en lui est le leitmotiv d'Anne Leitzgen et de sa DRH Patrice Casenave, qui en aparté me confia : « Il aura fallu que j'aille en Alsace pour trouver une telle énergie humaine… » Un binôme féminin PDG/DRH est suffisamment rare pour le souligner.

La force de ce groupe discret est d'avoir une vision claire et un objectif précis : « devenir le groupe européen aux marques préférées des consommateurs dans le domaine de l'habitat ». Face à un tel objectif, chacun est emporté par une ambition collective qui développe une culture projet à foison. Mais la force de cette dynamique repose sur l'engagement et l'exemplarité des membres du comité de direction, qui tous sans exception sont les mentors de chaque nouveau cadre. L'implication et l'accessibilité du top management qui se place du côté du faire plutôt que des intentions suscite la reconnaissance des équipes. Loin des grands discours, la passion, le plaisir de faire ensemble, la solidarité et le partage des émotions sont les moteurs de cette belle ETI *made in* France partie à la conquête du monde.

Une force d'adaptation

De ces entreprises, on a aussi à apprendre une certaine agilité d'adaptation qui tient à leur capacité à se remettre en cause ; agilité dont elles pourront encore faire la preuve à l'avenir lorsqu'on sait que, selon les chiffres, 35 à 45 % des métiers sont appelés à disparaître en raison de la numérisation de l'économie.

Dans le même registre, certaines coopératives, notamment dans le domaine agricole, deviennent des championnes internationales en faisant de leurs valeurs coopératives les piliers de leur croissance, à l'instar de Limagrain ou encore Euralis. Même si le management est confronté aux mêmes enjeux de transparence et de pédagogie que dans les systèmes plus classiques, il n'en est pas moins vrai que la dimension « bienveillante » à l'égard du personnel est indéniable. Il en va de même pour la plupart des mutuelles. La seule limite de ces organisations est de courir le risque de prendre parfois des mots pour des idées et de se faire piéger par une forme d'inertie au nom de ce fameux esprit coopératif ou mutualiste. Le système devient vite loi, et de loi, il se transforme facilement en dogme.

Cette agilité sur le plan organisationnel est le fruit de la relation particulière qu'entretiennent le dirigeant et le DRH dans ces structures. On y observe que ces deux fonctions forment un vrai binôme. Le dirigeant est maintenu en permanence au courant des remontées en provenance des équipes, ce qui lui permet d'ajuster et d'expliquer plus précisément ses décisions quand le besoin s'en fait sentir. La seule difficulté pour les DRH de ce type d'entreprises est de se faire reconnaître comme des acteurs de la performance. En effet, ces structures sont généralement très centrées sur leur business, ce qui peut provoquer une certaine méfiance envers toutes les fonctions non opérationnelles.

Mais cette écoute permanente, cette connaissance des équipes permet à ces entreprises de fonder leur action humaine sur la méritocratie. Elles en font un moteur de l'animation des équipes, où chacun sait que l'avancement ne se fait pas seulement à l'ancienneté ou selon des parcours préétablis et rigides. Au contraire, chacun est appelé à saisir sa chance dans la mesure où le mérite personnel, l'esprit d'initiative et l'ambition saine sont reconnus et valorisés. Cette méritocratie, outre le fait qu'elle est un élément de motivation, est aussi un ressort du dialogue social, selon des critères objectifs.

Les vertus des ETI familiales sont en fait les facettes du pacte de loyauté qu'elles sont parvenues à signer avec leurs salariés et que les grandes entreprises ont oubliées en chemin. C'est la différence entre le sur-mesure et le prêt-à-porter. Dans leur gestion de l'humain, et dans la mesure où leur taille le permet, les ETI sont dans une logique d'individualisation de la relation, le « sur-mesure ». Les grands groupes ont tendance à privilégier la gestion de masse, le « prêt-à-porter ». On les comprend, mais il faut admettre aussi que cette réalité souligne un manque criant d'exigence managériale de haut en bas. Appelons un chat, un chat : lorsque les exigences sont contredites par des comportements déviants, où sont l'exemplarité et le crédit des dirigeants ? Lorsque l'équipe dirigeante habite son projet, son entreprise, lorsqu'elle les vit, les respire, les rêve 24 heures sur 24, elle vit pour elle et n'attend qu'une chose : que les équipes soient à la hauteur, en leur servant de guide !

L'inversion de la pyramide

La grande différence que l'on peut noter entre les exemples développés précédemment et la plupart des grands groupes, c'est l'inversion de la pyramide : traditionnellement, la pyramide pointe vers le haut et incarne l'ascension hiérarchique, le sommet à conquérir, le pouvoir sur la base… Trop souvent, les batailles à livrer pour s'asseoir sur le fauteuil présidentiel sont telles qu'on finit par oublier que le prix à payer pour y arriver – mais aussi le talent à exprimer, ne l'oublions pas – impose de pérenniser une légitimité par l'exemple. Or le pouvoir a tendance à isoler, à rendre schizophrène, et finit par piéger celui qui s'est battu pour être digne de la considération de ses équipes ; un comble ! Gardons à l'esprit que dans toutes les traditions ésotériques, le triangle pointant vers le haut est synonyme de pouvoir et de masculin…

Dans une entreprise vertueuse sur le plan humain, c'est tout l'inverse : la plupart des dirigeants déclarent être au service de leurs salariés, au sens de « les pousser, les encourager, les coacher… ». À la question « qu'est-ce qui explique que vos équipes soient si attachées à votre entreprise ? », la plupart de ceux que j'ai rencontrés m'ont répondu : « Chez nous, nous avons de la *considération* pour nos équipes ! » Considération, quel beau mot, simple et puissant à la fois. Considérer c'est admettre l'existence de l'autre et en faire un bien précieux. « En te considérant, je te respecte mais surtout je t'exprime ma gratitude d'être ce que tu es. » Pour ces mêmes dirigeants, il est impensable d'arriver sur l'un de leurs sites sans prendre le temps de saluer les équipes ; leurs agendas surchargés ne les privent pas du temps humain, ce temps qui est celui de la considération. Les patrons inaccessibles, invisibles et distants sont-ils de vrais patrons au sens humain ?

Ici, la pyramide est inversée, la pointe en bas. Le leader est le gouvernail, il oriente, il guide, gère la pression et la vitesse, il rassure et libère les énergies. Pas étonnant qu'à l'inverse du triangle tête en haut, le triangle tête en bas soit symbole de fondation et de féminité !

Autre point non négligeable qui m'a souvent marqué dans ces entreprises en « pyramide inversée » : l'humilité des dirigeants. Ils savent d'où ils viennent, ils savent où ils vont et surtout ils maîtrisent leur devoir : transmettre. Irène Gosset, présidente du groupe Pochet (groupe familial numéro 1 mondial du flaconnage, avec quatre siècles d'histoire), résumait ainsi son rôle lors d'un de nos entretiens : « J'ai reçu l'entreprise à un point x, je dois la transmettre encore plus forte pour les générations futures. » Dans ce type d'entreprises, le dirigeant est un passeur avant tout ; un passeur bâtisseur. Pour lui, seule la grande histoire – celle de l'entreprise – compte ; la sienne est anecdotique. C'est aussi pour cela qu'ils sont respectés et… aimés !

C'est pour cela qu'à titre personnel, même si le concept est séduisant, je ne crois pas en l'entreprise libérée en tant qu'approche institutionnelle qui prône la fin du management, voire même des DRH ; en effet, ce qui est devenu un concept n'est que l'expression des postures personnelles de quelques dirigeants. En revanche, le lien entre ce concept et les propos précédents est évident : l'agilité dans la considération. Lorsque j'entends des grands groupes « pachydermiques » revendiquer le concept d'entreprise libérée, ils ne se rendent pas compte combien ils frôlent le ridicule : avant de mettre une étiquette, assumons la transformation, retrouvons une agilité perdue, responsabilisons l'esprit PME assimilable à une fragmentation des organisations… La liberté n'est pas un concept à revendiquer au risque de valoriser un état carcéral de la pensée et de l'action ; la liberté est un état de fait à assumer et lorsque l'organisation est fondée sur la libération des énergies et des talents, comme par magie, ce sont les salariés eux-mêmes qui parlent de leurs libertés !

Il y a une quinzaine d'années, avec d'autres, j'annonçais la mutation sociologique des opinions publiques des valeurs masculines vers des valeurs plus féminines, au premier rang desquelles on trouvait la reconquête du temps, de l'autre, de soi… Aujourd'hui nous y sommes ! Les sociétés civiles occidentales ne veulent plus de pouvoirs autocrates, la révolution numérique a boosté l'individu et les relations, y compris le business *via* l'économie collaborative…

Les mots reprennent du sens et plus que jamais le leadership sera équilibré cerveau droit, cerveau gauche ; raison et émotions cohabiteront et formeront le nouvel équilibre. Les nouvelles générations en sont la preuve, elles qui ne veulent pas forcément la place du chef et privilégient l'horizontalité à la verticalité de l'évolution professionnelle !

Chapitre 4

La culture d'entreprise à l'épreuve des mutants

> « Vivre est la chose la plus rare du monde.
> La plupart des gens ne font qu'exister. »
>
> Oscar WILDE

« Peut-être le décalage entre les générations est-il beaucoup plus dans la forme que dans le fond », écrivait Marcel Aymé dans son ouvrage *Uranus*[27]. Cela a sans doute été vrai pendant des siècles, malgré des divergences de façade qui n'empêchaient pas chaque génération d'affirmer « nous entrerons dans la carrière quand nos aînés n'y seront plus », comme le proclame le septième couplet de la Marseillaise. Cette continuité pourrait bientôt connaître un coup d'arrêt avec l'arrivée de la fameuse génération Z[28], que l'on surnomme aussi « génération alpha », « nouvelle génération silencieuse » ou encore « génération C » (pour « communiquer, collaborer et créer »). La profusion d'appellations est

---

27. Paru en 1948 aux éditions Gallimard.

28. Cette expression fait écho au terme « génération X » (1960-1980) dont l'origine n'est pas tout à fait établie mais qui a été adopté par de nombreux sociologues, donnant par extension les générations Y puis Z.

à la mesure des questions et – osons le mot – des inquiétudes qui s'attachent à l'émergence de ces « mutants », autre terme employé pour qualifier cette jeune génération. Pour tenter d'analyser cette rupture, il convient tout d'abord de faire un rapide rappel des deux générations qui ont précédé la « Z ».

La génération X (née entre 1960 et 1980) a subi de plein fouet les désillusions des Trente Piteuses, qui ont commencé peu avant son entrée sur le marché du travail. Cela en a fait une génération déboussolée, qui a cru pouvoir contrer les incertitudes de la crise par une obsession professionnelle carriériste. Issus d'un monde hiérarchisé, les individus appartenant à cette génération sont très attentifs à la réussite et au statut qui l'accompagne. Les « X » se caractérisent donc par un caractère mono-tâche et une relation de docilité vis-à-vis de l'entreprise.

Ils ont connu l'émergence des nouvelles technologies mais dans leur version « bêta », c'est-à-dire sans les facilités d'usage qui ont été développées à l'orée des années 2000. Cela explique qu'ils aient vécu cette évolution dans la douleur, et en y opposant beaucoup de résistance. Nés avec la télévision, les X sont des consommateurs d'images, et c'est ce qu'ils sont restés face aux nouveaux outils : des consommateurs bien plus que des contributeurs.

Quant à la génération Y, elle a été observée attentivement car elle représente une génération de transition, dans la mesure où elle a accompagné les prémices de la révolution numérique. Mais transition ne signifie pas forcément révolution, d'autant que cette génération regroupe un ensemble très hétérogène d'individus. L'accélération technologique et la rapidité d'évolution du monde finiront d'ailleurs par rendre le prisme générationnel peu opérant pour tenter de comprendre ces phénomènes. Si l'on s'en tient aux « Y », on fait face à des individus qui ont entre 20 et 35 ans aujourd'hui et qui ne partagent, de fait, pas beaucoup de traits communs.

Il apparaît que cette génération, que l'on a aussi appelée « Net génération » ou encore « génération du futur », ne se distingue pas tellement, dans son ensemble, de celle qui la précède – si l'on excepte, évidemment, les Y nés en fin de cycle qui se rapprochent beaucoup des Z.

Les Y ont commencé à conquérir leur autonomie par leur maîtrise de la technologie. C'est une génération relativement intéressée et indépendante, mais on note pour les plus âgés de la tranche une tendance au cynisme qui s'explique par la crise profonde, affectant aussi les cadres, à laquelle ils ont été confrontés en arrivant dans le monde du travail, et qui leur a fait souvent accepter des emplois en dessous de leur niveau de qualification. Les individus du premier tiers de la génération Y ont, de fait, toutes les peines du monde à adhérer aux valeurs de l'entreprise ou à devenir des porteurs et des défenseurs de la culture de leur entreprise. On retrouve cette défiance dans le chiffre ahurissant de 70 % des managers trentenaires déclarant ne pas être en phase avec les valeurs de leur entreprise. Faut-il y voir une réaction face à l'engagement professionnel univoque de leurs aînés ? Les Y se montrent globalement plus circonspects face au travail et n'entendent pas abdiquer leur vie privée, même si, dans le même temps, ils ont commencé à réduire la séparation entre vie professionnelle et vie personnelle, grâce à leur appétence pour les technologies dont ils ont vu l'éclosion. Contrairement aux X qui ont subi le développement des outils de l'information et de la communication, les Y les ont domestiqués, tant dans leur usage professionnel que personnel, et ce sont aujourd'hui les premiers créateurs de contenus.

Et nous voici face à la génération Z, ceux que l'on appelle les « *digital natives* ». Affranchis des illusions politiques qui sont mortes bien avant leur naissance avec la chute de l'empire soviétique, ils ont, comme leur surnom l'indique, baigné dès leur naissance dans l'hyperconnexion qui s'est en outre nomadisée. Cette profonde connaissance des outils technologiques fait qu'ils représentent la première génération à rompre, ou en tout cas à renverser, la chaîne de transmission du savoir. Leur maîtrise technologique fait d'eux des « enseignants potentiels », notamment auprès de leurs parents.

Leur accointance intime avec les réseaux sociaux et les objets connectés[29] en fait également une génération de créateurs. Ils inventent sans cesse de nouveaux usages, dont certains vont au-delà de ce que pouvaient imaginer les inventeurs des outils en question. Ils ont ainsi créé une langue, le langage « texto », qui a pris la place de code générationnel. Code rejeté par les générations plus âgées, mais signe d'appartenance pour ces jeunes. Certes, on peut réprouver l'affaiblissement de la maîtrise de l'orthographe, concomitant à l'émergence de cette « langue » (encore qu'il ne soit pas aisé d'en dégager forcément une relation de cause à effet[30]), mais on ne peut nier le caractère culturel de ce nouveau mode de communication ; caractère culturel qui permet à cette génération de disposer d'une forme d'autonomie linguistique.

La génération Z représente une masse de 15 millions d'individus qui ont entre 0 et 20 ans. Ils ont, pour ainsi dire, toujours connu Twitter (lancé en 2006) ou Facebook (rendu accessible à tous également en 2006). Si les jeunes de la dernière moitié de la génération Y ont pu utiliser le service de messagerie instantanée MSN Messenger de Microsoft, les natifs de la génération Z n'ont, eux, connu que le Web 2.0 ou presque.

La génération Z a ainsi pu d'emblée utiliser les réseaux sociaux, leur instantanéité et leur caractère profondément « transmédia ». Le « chat », qui n'était finalement qu'une forme non codée et plus rapide du télégraphe, a été remplacé par un ensemble d'outils (texte, son, image et vidéo) interagissant entre eux. La rapidité de transmission a donné

---

29. 100 % de la classe d'âge des 16-24 ans possède aujourd'hui un téléphone portable (source Insee).

30. Une étude menée par le CNRS publiée le 13 mars 2014 tend à prouver que l'usage du langage SMS n'influe pas sur le niveau orthographique et souligne qu'il s'agit d'un vrai langage avec un apprentissage nécessaire.

naissance à une graphie contractée, souvent visuelle, mêlant abréviations et émoticônes. Ces outils ont aussi donné naissance à une nouvelle forme de *storytelling* interpersonnel, où le partage et l'émotion ont une place prépondérante. D'où le surnom de « *digital natives* », comme si le digital était une sorte de nouvelle langue maternelle.

Ces outils de communication que l'on peut exploiter pour se raconter ont favorisé la naissance du *personal branding*[31], dont les jeunes sont rapidement devenus des experts. Si les Y ont pu être qualifiés d'« enfants rois », tant rien ne semblait trop beau pour eux aux yeux de leurs parents, les Z sont doublement couronnés en tant qu'enfants rois et qu'enfants stars. Pourquoi « stars » ? Parce que les *digital natives* se caractérisent par leur course à la réputation en ligne, leur course aux *followers* et aux *likes*. D'un seul coup, leur nom, ce qu'ils sont et ce qu'ils font se traduisent en audience et l'audience en popularité. De fait, les Z sont des citoyens (ou futurs citoyens) dépendants de leur audience, avec toutes les dérives qui peuvent en découler, jusqu'aux cas les plus tragiques de harcèlement via les réseaux sociaux, qui parfois aboutissent à des suicides. Plus ils avancent en âge, plus les Z ont une conscience d'eux-mêmes qui vire par moments à l'égocentrisme. C'est la génération *selfie*, celle qui se regarde constamment dans le miroir de son smartphone. On peut craindre qu'à leur entrée dans le monde du travail, les Z seront la cause d'un affrontement entre deux marques : celle de leur entreprise et la leur propre.

D'où l'enjeu essentiel pour les entreprises, demain, de faire porter à leur marque non plus seulement des valeurs, mais de faire vivre une véritable culture d'entreprise, suffisamment forte pour être capable d'assimiler les multiples marques personnelles qui frapperont à leur porte.

Le « mutant » n'est plus dans une position d'« acheteur de valeurs ». Les seules valeurs auxquelles il croit sont les siennes, celles de sa marque

---

31. « Je suis ma propre marque. »

personnelle. En revanche, c'est un être de tribus multiples : il est prêt au partage, à entrer dans un univers et cet univers sera la culture de son entreprise. Ce qui signifie aussi qu'il sera très sensible à la réputation de l'entreprise et qu'il jugera son employeur à l'aune de ce qu'il aura appris et découvert sur l'ambiance de l'entreprise à travers différents indicateurs. Cela implique une révolution dans la communication dite RH : la communication de recrutement, la communication interne tout court.

L'arrivée de la génération Z pourrait aussi avoir pour conséquence de mettre à mal la clef de voûte du discours économique, politique et social de ces vingt dernières années : la crise. Car, pour ces jeunes qui ont grandi avec la crise, ce n'est pas un sujet pour eux. Autant ceux qui ont connu autre chose que la crise ou ont été baignés dans un discours sur la période « avant crise » la subissent, autant les mutants la prennent pour un élément naturel de leur environnement, auquel on ne fait pas plus attention que l'air qu'on respire. Si demain nous sortons de la crise, cela ne constituera qu'une nouveauté pour eux et non pas la réponse à une attente forte ; ils feront alors comme avec le monde changeant auquel ils sont habitués, ils s'adapteront.

L'une de leurs méthodes d'adaptation s'appelle le « slash », du nom de la touche « / » de l'ordinateur. Les Z sont des « slashers » : pour se fondre dans l'environnement anxiogène qui est le leur, plutôt que la révolte, ils ont choisi de vivre plusieurs vies dans lesquelles ils évoluent au gré des circonstances. Plutôt que se résoudre au dilemme « passion ou raison », ils adopteront deux métiers : l'un alimentaire, l'autre passionnel. Ils seront ainsi vendeurs le jour et DJ le soir… Ou bien ces deux métiers, alimentaires tous les deux, pourront être cumulés pour atteindre le niveau de vie qu'ils souhaitent pour s'épanouir dans d'autres centres d'intérêt comme le voyage.

Cette notion de crise qui, parfois, place l'entreprise en position de force sur un marché de l'emploi très sinistré (dans la mesure où il peut y avoir du chantage à l'emploi), va donc se transformer en leurre pour ces jeunes. J'en veux pour preuve que lorsqu'on analyse le comportement des 20-25 ans (la fin des Y), on constate qu'ils ne sont pas du tout prisonniers d'un emploi. Le jeune de moins de 30 ans ne cherche pas un emploi mais une « séquence d'aventure de vie », affirme Christine Charlotin (du cabinet OpenMind Conseil)[32]. François Pichault, professeur à HEC et à l'université de Liège, souligne quant à lui dans une étude[33] qu'il leur a consacrée que les Y revendiquent leur « besoin de changer régulièrement d'environnement ».

Cette caractéristique, qui reste encore mesurée avec les Y, va sans conteste s'accentuer avec l'arrivée des Z. Ils seront très vigilants sur l'adéquation entre ce qu'on leur aura « vendu » lors du recrutement et la réalité de la vie dans l'entreprise. Si cela s'avère négatif, ils partiront dans les six mois. Ce nomadisme aura sans doute des conséquences sociales, notamment en matière de carrière et des bénéfices que l'on peut en attendre, mais surtout, il va contraindre les entreprises à une sévère remise en question. Si leurs employeurs ne parviennent pas à entretenir leur flamme par une logique de projets et de challenges sans cesse renouvelés, on peut être sûr que les jeunes gens préféreront aller voir ailleurs. La soumission au chantage de l'emploi et, avec lui, la soumission à l'entreprise vont donc disparaître.

C'est aussi un risque pour les entreprises de décevoir ces jeunes qui ont pris l'habitude de partager leurs émotions, bonnes ou mauvaises, sur les réseaux sociaux. Les employeurs tartuffes seront vite démasqués, certes, mais les autres parviendront-ils à se montrer à la hauteur, malgré leur bonne volonté, des attentes d'une génération qui se sentira reine dans le rapport de forces ? Ceci étant, même si la crise est un non-sujet, les Z

---

32. *M Le magazine du Monde*, 11 avril 2013.

33. « Pour en finir avec la génération Y... Étude d'une représentation managériale », étude sur 851 personnes de 20 à 59 ans par François Pichault et Mathieu Pleyers.

ont tout de même une conscience très pragmatique de l'environnement économique. Ils sont ainsi convaincus qu'ils vont moins bien vivre que leurs parents, en termes de statut et de revenu. C'est un fatalisme plutôt conjoncturel mais qui explique que leur jugement vis-à-vis des entreprises soit sans concessions et qu'ils ne soient pas prêts, contrairement à leurs aînés, à tout sacrifier pour leur job. D'où le « / ». On peut s'interroger sur la nature générationnelle ou conjoncturelle de ce fatalisme, mais on manque trop de recul aujourd'hui pour trancher la question.

Cette génération est celle de l'hyperconnexion, avec une moyenne de 83 SMS envoyés par jour, selon une étude Médiamétrie. Ce n'est pas une pratique, ce n'est même plus un mode de vie, c'est un élément de nature. Être « offline » est pour ces jeunes viscéralement impossible ; on a même créé pour eux l'acronyme Fobo, pour « *fear of being offline* ». On peut le regretter, et certains parents vont même jusqu'à pratiquer des « coupures sanitaires », avec généralement pour résultat des cris et des larmes, car les couper de leur tribu, c'est les couper d'une partie d'eux-mêmes. Cet état de fait est en lui-même une mutation, car l'individu Z ne vit qu'en regard de son groupe, et l'on arrive même à une sorte de paradoxe que notre époque a développé : un « hyper individu hyper social ». Le « moi » hypertrophié jouxte un « nous » hyper présent. Le mutant se retrouve donc en permanence au cœur de trois ou quatre espace-temps connectés : un ou deux réseaux sociaux, YouTube, le réseau SMS, voire des cours on line. Le mutant jongle avec ces connexions parallèles, par le biais du share qui permet, par exemple, de partager sur l'instant une vidéo au cœur d'un message Facebook.

Cette instantanéité pose évidemment des problèmes de concentration, le cerveau étant sollicité en même temps par des messages multiples. Cette sollicitation joue souvent le rôle de divertissement, au sens premier du terme, empêchant l'individu d'aller au bout d'une question. Le « butinage » remplace l'approfondissement. Ces deux dérives commencent à émerger sur le lieu de travail, avec l'arrivée des derniers Y, les plus proches des Z. On le constate à tous les niveaux, y compris dans les couches les plus formées.

Cette génération veut aller tout de suite à l'essentiel, mais un essentiel « prépackagé », prêt à l'emploi. On ne lit plus un livre, on se contente de sa fiche Wikipédia pour s'en faire une idée. Creuser, analyser, comparer, c'est beaucoup plus dur car cela prend du temps, un temps que l'on pense trop précieux et que l'on veut consacrer à d'autres préoccupations. Le point de bascule à ces nouveaux comportements, c'est l'explosion de Facebook. Il sera d'ailleurs difficile de leur en faire le reproche, dans la mesure où l'emploi ne constitue qu'une parcelle de leurs centres d'intérêt. C'est la génération Yolo (« *you only live once* »). Ils ne veulent donc pas perdre leur vie à la gagner. Cette devise est devenue leur signature. Contrairement aux X, pour lesquels la réussite professionnelle, et d'une certaine façon, la carrière et le statut étaient des éléments importants, les obligeant le cas échéant à courber l'échine pour y parvenir et générant un stress certain, pour les Z, leur réussite est d'abord la reconnaissance qu'ils obtiennent par le seul fait d'être. Le « faire » est déjà moins important. Et s'ils estiment leur « être » maltraité, insuffisamment reconnu, ils ne resteront pas dans une entreprise, même s'ils y sont bien payés.

Multitâches, les Z mélangeront allègrement vie personnelle et vie professionnelle. Fait intéressant puisque depuis une trentaine d'années, on s'est beaucoup focalisé sur l'équilibre entre ces deux facettes. Les mutants introduisent donc une rupture nette par rapport à ce concept d'équilibre. Ils ne font pas de distinguo entre ces deux pôles, ou plutôt, ils n'entendent pas reléguer leur vie personnelle au second plan dans le travail, selon le principe du « slash ». *Via* les outils connectés (ils ont accès en moyenne à cinq écrans, du smartphone à l'ordinateur en passant par la tablette), leur vie personnelle les accompagne au bureau et via ces mêmes outils, leur vie de bureau peut les suivre dans leur vie personnelle. Cette cohabitation de deux mondes que l'on a toujours voulus relativement cloisonnés, devient avec eux une fusion. Leur conception n'est pas celle de l'intrusion d'un monde dans l'autre, mais simplement leur façon de vivre. Ils l'ont déjà expérimentée au sein des établissements scolaires, et il n'y a pas de raison, à leurs yeux, que cela change au sein de l'entreprise. Leur écosystème élargi les suit partout.

Le manager ou l'entreprise qui parviendront à intégrer cette donnée pourront être une source d'équilibre pour ces jeunes. Le tout, c'est de leur laisser le choix en repensant l'organisation du travail, mais surtout de ne pas la leur imposer. Lorsqu'ils ont le choix, ces jeunes parviennent à s'organiser mécaniquement. Toutefois, attention : pas de laxisme. Il faut amener une autorité nouvelle, une posture de guide qui doit intégrer les notions de discipline et de sens.

L'entreprise de demain va être en outre confrontée à l'émergence d'une parole libre. Ces jeunes rois stars ont grandi avec un sens aigu de la liberté d'expression. Écoutés au sein de leur famille, ils peuvent en outre dire ce que bon leur semble via leurs outils de communication, et ne comprennent donc pas en quoi leur jeunesse ou leur appartenance à un groupe pourrait être un frein à cette liberté de parole. Y compris devant plus expérimentés qu'eux, y compris face à la hiérarchie, pour eux, s'exprimer est naturel. Ils ne sont donc pas enclins à brider leur parole ; au contraire, ils ont coutume de la lâcher.

C'est une génération qui est difficilement impressionnable et pourtant, assez facilement manipulable. Difficilement impressionnable à cause de la face sombre d'Internet, ou du moins d'un usage non maîtrisé qui a exposé et expose toujours ces jeunes à des images traumatisantes, qu'elles soient de nature violente ou pornographique. L'absence de réglementation internationale en matière d'Internet fait qu'on peut constater et regretter que ces jeunes aient tout vu sur le web. C'est d'ailleurs un enjeu politique de trouver une réponse à cette dérive dont on commence à mesurer les effets, notamment concernant la vision qu'ont ces jeunes de la sexualité et plus largement des rapports hommes/femmes. Sans rentrer dans le débat sur les dégâts que ces traumas potentiels pourront avoir causés, il est un fait indéniable : cette génération se pense comme ayant déjà tout vu. Le discours traditionnel de l'entreprise qui cherche à enthousiasmer ses troupes devra donc être sacrément à la hauteur pour commencer à émouvoir ces jeunes gens. Ils restent en même temps facilement manipulables, plus exposés que d'autres aux phénomènes de « buzz ». Leur manque d'esprit critique les rend ainsi vulnérables aux tempêtes médiatiques.

Par ailleurs, cette génération n'aime pas qu'on lui dise quoi faire, du moins si cet ordre ne s'accompagne pas de l'explication sur le sens de la tâche. Le « pourquoi » doit précéder le « comment ». Et elle est d'autant plus méfiante que sa vision de l'entreprise n'est pas des plus positives, comme l'a montré l'étude « La Grande InvaZion[34] ». Ces jeunes voient l'entreprise comme « un monde dur, compliqué, impitoyable, fermé ». 36 % y voient une source de stress, 26 % témoignent d'une indifférence à son encontre et 13 % ressentent une forme de dégoût vis-à-vis de l'entreprise. L'entreprise telle qu'ils la voient n'est pas un espace ouvert, un lieu où l'on peut prendre du plaisir. Il faut préciser que cette vision s'appuie sur les modèles classiques médiatisés. Les PME, les startups trouvent grâce à leurs yeux.

Cette vision des entreprises, héritée en partie du discours des parents, est d'ailleurs une spécificité française, où l'image des entreprises est rarement positive. Médiatiquement parlant, on s'arrête volontiers sur les grands groupes rigides et sources de stress au travail, sur les sociétés en crise, sur les plans de licenciements, bref sur les trains en retard plutôt que sur les trains à l'heure. Ceci explique que les Z se perçoivent comme une génération d'entrepreneurs. Ce désir répond à une double

---

34. Étude menée en janvier 2015 par BNP-Paribas et The Boson Project auprès de 3 200 jeunes de 15 à 20 ans.

aspiration : échapper aux modèles qu'ils jugent négatifs, et assumer sur le plan professionnel ce *personal branding* qui est leur marque de fabrique. En revanche, au stade actuel, rien ne prouve que ce souhait entrepreneurial puisse véritablement se concrétiser. Mais c'est déjà un changement profond par rapport à certaines générations précédentes, dont l'idéal se traduisait en deux mots : fonction publique. En 2004, ils étaient 75 % à se prononcer en faveur d'un emploi public (tous niveaux confondus)[35].

Encore faudra-t-il que le pays se montre à la hauteur, parce que jusqu'à aujourd'hui, on observe un rapport assez schizophrénique de la France vis-à-vis de sa jeunesse. D'un côté, elle la soutient en poussant 80 % d'une classe d'âge au baccalauréat ; d'un autre, elle n'aide absolument pas ces jeunes à mettre le pied à l'étrier et ils connaissent l'un des taux de chômage les plus élevés au monde (23,8 % en octobre 2014 contre 12,6 % aux États-Unis, 7,5 % en Allemagne et 6,1 % au Japon). Créer son entreprise, c'est répondre à la crise d'une façon simple : puisque je ne peux pas trouver de travail, je vais le construire moi-même.

Leurs aspirations les poussent également vers les PME, qui offrent un environnement à taille humaine, dans lequel ils pensent avoir la chance de pouvoir exister et être reconnus. Cette motivation est caractéristique, l'idée de chercher uniquement un emploi et un salaire n'étant pas pour eux. D'ailleurs, le salaire n'est plus forcément la source de motivation. Cette donnée, soyons honnêtes, est peut-être le fruit d'une éducation d'enfants rois qui n'ont que peu de conscience de la valeur des choses et sur laquelle les illusions risquent de se briser fortement une fois qu'ils seront entrés dans la vie active et ses multiples coûts. Cela dit, si le salaire n'est pas une motivation, cela n'en fait pas une génération désintéressée pour autant. Ils préfèrent des gratifications concrètes, qui répondent

---

35. Étude Ipsos pour Emploipublic.fr et *Le Monde* effectuée en 2004 sur un échantillon re-présentatif de 601 personnes de 15 à 30 ans.

à leur hédonisme et leur besoin d'immédiateté et plutôt qu'un bonus annuel, ils choisiront de recevoir, par exemple, des chèques cadeaux ou des billets pour voyager.

Les grands groupes ne les attirent qu'à deux conditions : si possible ils ne doivent pas être cotés (car pour eux, tout ce qui a trait aux marchés financiers est synonyme de déshumanisation) et répondre à leur désir d'international.

Les convictions qui forgent leurs attentes sont donc imprégnées de cet esprit Yolo. Pour les entreprises, cela va impliquer un changement de paradigme en terme de sémantique. L'offre qui est proposée aux jeunes est encore aujourd'hui la promesse de faire carrière. Cela n'est pas pertinent pour ces jeunes qui se considèrent maîtres de leur vie et refusent de se projeter dans une carrière dont les tenants et les aboutissants leur échappent. Ils peuvent se projeter dans un projet, dans une mission, c'est-à-dire dans des espaces temporels à leur mesure et dont ils pensent qu'ils peuvent les maîtriser. Dans ces aspirations, on ne le répétera jamais assez, figurent le droit d'être informé, de répondre et de voir sa parole reconnue, qui seront des éléments déterminants dans le rapport de ces jeunes à l'entreprise.

Leur profession de foi, « Ma vie perso a sa place dans le monde pro », est une vraie révolution, notamment pour les DRH, qui continuent d'avoir une vision faisant de la vie professionnelle l'agent potentiel du déséquilibre de la vie personnelle. Or pour les Z, la question n'est pas là. Ce qui ne signifie pas qu'ils seront insensibles au débat sur la qualité de vie au travail, notamment en ce qui concerne le rôle du télétravail et la prise en compte du plaisir au travail, donnée importante pour cette génération.

La génération Z constitue surtout un énorme challenge en terme de management pour les entreprises. D'autant que la France, à l'image d'autres pays, souffre d'un niveau moyen relativement faible de sa qualité managériale. Ce faible niveau s'explique par le mode de recrutement des managers : ceux qui accèdent à ces postes le doivent généralement à leur expertise dans leur secteur. Or, être un bon technicien, être un excellent vendeur ne fait pas de vous un manager hors pair. Manager exige des aptitudes particulières, d'empathie, de sens de l'écoute et d'entraînement dont tout le monde ne dispose pas. Ce recrutement hasardeux provoque ensuite des conflits et il faut noter que 70 % des départs dans une entreprise sont liés à un conflit avec le manager direct.

Avec la génération Z, les managers vont être fortement questionnés sur deux aspects essentiels pour ces jeunes : l'exemplarité et la transparence. Cette génération, qui n'a pas eu de modèle d'éducation fondé sur l'autorité « naturelle » des parents, ne reconnaît pas les signes traditionnels du pouvoir. Comme le montre l'enquête « La Grande InvaZion » déjà citée, « le bon patron doit être accessible, responsabilisant et entreprenant. Il ne tirera sa légitimité ni de son autorité (22 %), ni de ses diplômes (3 %) ».

Les Z ne veulent ni un manager omniscient ni un manager totem, ils veulent un guide accessible. La maîtrise du sujet par le manager sera une condition nécessaire, certes, mais pas suffisante. On pourrait dire, pour caricaturer un slogan publicitaire célèbre, pour les Z, « pas de blabla, des résultats ». Cette donnée est à comprendre de deux façons : on ne leur fera pas prendre des vessies pour des lanternes, mais aussi, pour ces jeunes, une image vaut mille mots et le long *speech* n'est définitivement pas le média le plus approprié pour les intéresser et les convaincre. Le manager et l'entreprise vont devoir repenser leur mode de communication. D'autant que c'est aussi la génération du *zapping*. Cela signifie qu'ils trouvent leur plaisir dans la variété, dans le changement, et que toute vie ou activité routinières ne sauraient les séduire.

Est-ce à dire que les Z ne constituent qu'un cauchemar probable pour les entreprises qui vont les accueillir ? Ce serait oublier un peu vite les qualités énormes dont ils disposent (et qui font souvent défaut à leurs aînés) : les Z sont collaboratifs (c'est leur mode de vie) et multitâches. Cela veut dire qu'ils sont rompus au travail en équipe, cette chimère si souvent vantée mais qui fait cruellement défaut en France (si l'on compare par exemple avec les modèles anglo-saxons où ce mode de fonctionnement s'apprend dès l'école). L'entreprise qui saura faire fructifier ces données en abandonnant le saucissonnage des actions en séquences successives y trouvera son compte. Le manager des Z devra adopter un nouveau lexique dans lequel les mots clés seront *liberté, reconnaissance, exemplarité, sens, honnêteté* et *exigence.* N'est-il d'ailleurs pas étonnant qu'un certain nombre d'entreprises (pas toutes, heureusement) aient oublié certains de ces termes en cours de route ?

En réalité, c'est surtout pour les grands groupes que la génération Z constitue une bombe à retardement. La plupart d'entre eux ne sont absolument pas prêts à les accueillir ni à les intégrer. Quoi qu'on en dise, le modèle de management n'a pratiquement pas évolué ces dix dernières années. Certes, des exceptions existent, des livres sont publiés, des réflexions sont menées mais cela reste totalement marginal par rapport à la réalité du terrain, où l'on observe la permanence du système pyramidal des organisations. Cette verticalité va se heurter de plein fouet à l'horizontalité à 360° dont les Z ont l'habitude.

Bien évidemment, on ne pourra exiger des entreprises qu'elles gèrent seules la rupture ; les Z auront aussi à s'adapter à ce monde nouveau pour eux, mais quoi qu'il en soit, les structures auront le devoir de réfléchir à leur système organisationnel. Cette réflexion, qu'elles ne mènent pas, sera d'ailleurs la condition pour que les Z consentent à transformer en partie leurs pratiques afin de les rendre compatibles avec les impératifs de l'entreprise. Au cœur de cette réflexion, je le répète, on doit trouver l'exemplarité du modèle de management. Cette génération Z est peut-être celle qui va faire muter les modèles de management dans les dix années à venir. Parce que le management qui se pratique depuis cinquante ans va se révéler totalement inefficace.

Les entreprises devront également passer par le développement d'une véritable culture digitale. Paradoxalement, cela impliquera d'intégrer ces outils à tel point qu'il ne sera plus question d'en parler, tant le digital est pour ces jeunes, invisible comme l'air qu'ils respirent. Mais le chemin sera long car les premiers Z sont en train d'arriver sur le marché du travail, et les cinq années à venir verront la montée en puissance de ces mutants qui auront, pour certains, l'impression de retourner à l'âge de pierre, tant la plupart des entreprises n'ont consenti aucun effort en ce sens. « J'ai dû convaincre mon directeur des systèmes d'informations d'offrir à mes stagiaires un accès privilégié au réseau, pour accroître leur autonomie », raconte Fabienne Arata, chez Experis IT, citée dans l'article « Comment manager la génération Z » paru sur *Le Journal du Net*. « Et leurs ordinateurs m'ont coûté trois fois plus cher que les autres... », ajoute-t-elle en précisant que cet investissement s'est révélé *in fine* extrêmement profitable.

Ces jeunes vont découvrir des conflits qui sont pour eux d'un autre âge, comme ceux pouvant opposer DSI et opérationnels. La DSI sera sans doute le service qui devra faire la plus grande révolution, en acceptant de quitter sa tour d'ivoire sémantique, et en abandonnant l'expertise de l'outil au profit de l'expertise des usages. Ce n'est ni plus ni moins qu'un changement de pouvoir qui va avoir lieu, car si le technicien détient le pouvoir sur l'outil, c'est l'usager qui a le pouvoir sur l'usage. Cette génération est au fait des multiples possibilités d'usages qu'offrent les outils, et elle ne se contentera pas du « ce n'est pas possible » si traditionnel.

Évidemment, les entreprises vont devoir développer une EVP (*employee value proposition*) fidèle à la réalité. C'est clairement l'enjeu de la marque employeur. Autant celle-ci était une sorte de passeport de transparence qui donnait de la chair et de l'humanité à la marque, autant elle devra désormais exprimer, partager et traduire la culture de l'entreprise. Pour cette génération, la culture d'entreprise deviendra le véhicule dans lequel on monte. La culture, c'est le « vivre ensemble ». Pourtant, aujourd'hui, ce vivre ensemble ne s'épanouit que dans un tout petit périmètre. Lorsqu'on interroge les salariés, ils estiment que leur management n'est pas à la hauteur et que les liens qui les font demeurer dans l'entreprise se résument systématiquement à « mes collègues ». Cela ne fait pas une culture mais cela prouve au moins combien le vivre ensemble est un élément clé de fidélisation et de bien-être dans l'entreprise.

Ce vivre ensemble doit être évidemment porté par du sens. Et c'est là que la culture va s'imposer comme l'un des défis des dix prochaines années car c'est elle qui peut transcender le vivre ensemble. Elle sera une nécessité pour dépasser l'habitude consistant à placarder des valeurs démenties par les actes. La culture habite les êtres humains et doit, au premier chef, habiter les leaders. Or, trop nombreux sont les leaders, même parmi les plus grands patrons, qui adoptent des comportements antinomiques aux valeurs qu'ils disent porter. Ce faisant, ils ne peuvent s'imposer et être crédibles en tant que garants de la culture de leur maison.

Les Z sauront décrypter ces faux-semblants en deux clics. C'est une génération qui a le *fact-checking* comme habitude. Que ce soit pour juger un bar, une école, un nouveau téléphone, ils se ruent sur les forums et les sites d'évaluation. Il n'y a aucune raison pour qu'ils ne le fassent pas pour leur employeur. Avant même de postuler, ils auront les moyens d'entrer en contact avec les salariés, de traquer *online* la réputation vécue de l'intérieur. Ils auront accès aux commentaires que d'autres auront publiés sur la réalité de ce qui se passe au sein de la structure, au-delà de la joliesse du papier glacé des rapports d'activité.

Cela confrontera les entreprises à l'urgence de bien établir la balance entre droits et devoirs. Cette génération, de par son éducation, s'imagine souvent avoir tous les droits ; or, au sein de l'entreprise, elle va découvrir que ce n'est pas le cas mais qu'en plus, elle a des devoirs. Mieux, il va falloir lui faire comprendre ce qui lui manque et l'éduquer à l'art de l'apprentissage. Être « Z », comme « Y » d'ailleurs, ce n'est pas être une super star mais bien un débutant, un potentiel en devenir. Jusqu'à présent, la tenue de propos négatifs au sujet d'une entreprise sur les réseaux sociaux s'est souvent soldée par une réponse judiciaire. Celle-ci ne pourra demeurer la seule réponse, et les managers devront très vite intégrer un vrai règlement intérieur contractualisant clairement ce rapport entre droits et devoirs.

La culture de l'entreprise, la vraie, celle expérimentée *in situ*, sera au rendez-vous de cette génération. Et qui dit « culture d'entreprise » dit « culture » tout court : c'est là que cette génération représentera un vrai défi car l'entreprise va se trouver face à des individus à la culture générale fragmentée. C'est une génération qui connaîtra peu de choses sur beaucoup de domaines. Il va donc y avoir une dualité à gérer les premières années de l'arrivée des Z, entre acculturation et pédagogie, voire enseignement. Il suffit de noter le développement de la forme la plus caricaturale d'enseignement, rendue nécessaire par le niveau moyen, consistant à la mise à niveau en orthographe des nouveaux arrivants, y compris lorsqu'ils ont un diplôme bac + 5… Ces formations, sur de nombreux sujets, vont se généraliser. Elles seront prises en charge par la fonction RH, donneront peut-être lieu à la création de nouvelles fonctions mais surtout, à de nouvelles méthodes, comme les MOOC, en les adaptant aux us et coutumes de cette nouvelle génération.

L'entreprise devra, de son côté, s'éveiller à certaines sciences humaines pour travailler la créativité de cette génération qui n'aura pas été antérieurement éduquée à conceptualiser. Comme le montre une étude menée par le professeur de psychologie Olivier Houdé, directeur du laboratoire de psychologie du développement et de l'éducation de l'enfant du CNRS-La Sorbonne, la fréquentation intensive des écrans a favorisé chez les Z des aptitudes cérébrales en termes de vitesse et d'automatisme, au détriment parfois du raisonnement. L'entreprise, qui devra donc veiller à ne pas rester simplement ébahie par leurs possibilités créatives, devra les aider à passer du stade de créateurs limités à celui de véritables concepteurs. Ces défis, la plupart des entreprises ne sont pas prêtes à les relever, surtout si elles sont de grande taille. Les startups, au contraire, ont d'ores et déjà intégré ces phénomènes.

L'autre défi concerne les Y qui seront amenés à manager des Z. On commence à entendre des trentenaires dire de leurs cadets « je ne les comprends pas », malgré la poignée d'années qui les sépare. La différence réside dans ce *personal branding* qui est rapidement assimilé par les plus âgés à de l'égocentrisme voire à de l'égoïsme, créant une sorte de barrière générationnelle. Et ces barrières risquent de se multiplier, car les mutations générationnelles ne s'effectuent plus à l'échelle d'une génération : on observe actuellement des évolutions dans un laps de temps de cinq ans et tout porte à croire que ce gap va continuer à se réduire.

Mais c'est au sein même de la génération Z que risque de se poser le problème du recrutement de managers : ce n'est absolument pas une ambition pour eux et dans le cas où cela le deviendrait, on peut s'interroger sur leur capacité à prendre certaines décisions, obnubilés qu'ils sont par leur image et leur réputation. De toute façon, s'ils parviennent à ce type de fonction, ils ne la concevront pas du tout comme leurs aînés, en termes de statut et de hiérarchie. Cela impliquera une refonte des modes de fonctionnement des entreprises, où l'animation et le partage prendront une importance qu'ils n'ont pas aujourd'hui. Encore une fois, sous l'impulsion des mutants, la verticalité va céder la place à l'horizontalité.

Repenser le mode de fonctionnement, ce n'est pas seulement réfléchir au tissu de relations au sein de l'entreprise, cela peut toucher à des problématiques extrêmement concrètes : les Z qui viennent d'arriver par exemple dans les métiers du bâtiment posent des problèmes importants de sécurité, où l'on voit des jeunes, casque musical greffé sur les oreilles, évoluer au milieu d'engins de chantier qui leur font courir des risques en raison de leur isolement sensitif.

Pour conclure, l'arrivée des Z sur le marché du travail aura cela de passionnant que leurs capacités et leurs différences représenteront autant de risques que d'opportunités pour les entreprises et plus largement pour le tissu social. Cette génération va peut-être constituer le tremblement de terre salutaire qui permettra à tous (entreprise mais aussi syndicats qui ne sont absolument pas adaptés à ces jeunes) de plonger dans une nouvelle époque. Cette évolution sociologique va imposer de revisiter tous les fondamentaux qui n'ont pas forcément évolué depuis les trente dernières années.

Chapitre 5

Un monde 24 h/24 à 360° : l'hyperconnexion

Sous l'impact des nouveaux usages numériques, jamais l'humanité n'a créé autant de partage, de proximité, de solidarité. Jamais le point de vue d'autrui n'a eu autant d'importance face au « qu'en dira-t-on » de nos aïeuls. Jamais non plus, ces mêmes usages n'ont créé autant de solitude et de transferts de personnalité. La communion entre l'homme et la machine va connaître une accélération foudroyante dans les dix ans à venir, l'*Homo sapiens* devenant l'*Homo connectus*. Relations, sentiments, méfiance, défiance, c'est tout le champ des relations humaines qui est concerné. À une nuance près, toutefois : le point d'interrogation des possibles offerts par l'intelligence artificielle (voyez les films *Ex Machina* ou *Her*, plus vrais que nature…).

Dans ce monde où chacun peut être acteur de tout – sous la tutelle du nouveau dieu Google (Larry Page, le fondateur de Google, assume vouloir faire de Google « la conscience de l'humanité ») – la culture d'entreprise va devenir *un bien à partager*, un bien commun.

Au-delà de la notion de culture digitale, c'est le sens même de l'exclusivité qui se pose face à l'*open bar* digital. Être accessible par tous, pour tous, tout le temps, est-ce stratégiquement positif ? Être aligné sur le dogme ambiant rend-il plus lisible pour autant ? En 2015, 60 % des Français disposaient d'un smartphone, ce chiffre atteignant 79,5 % pour les 15-24 ans. 78,8 % des ménages disposaient d'un ordinateur. 82 % des foyers étaient équipés d'une connexion Internet, dont 78 % à haut débit. Près de 33 % des foyers possédaient une tablette[36]. Ces chiffres, en constante progression, suffisent à prouver que l'environnement a changé et que l'on est entré dans l'ère de l'hyperconnexion. Le terme a surgi dans les médias principalement dans le cadre d'enquêtes sur l'addiction digitale pouvant conduire à la dépression, comme ce fut le cas pour Thierry Crouzet qui le raconte dans son livre *J'ai débranché*[37].

Mais, au-delà de ce nouveau marronnier pour la presse, l'hyperconnexion pose un certain nombre de questions à la société, et un certain nombre de défis aux entreprises. Certains s'en réjouissent, d'autres le redoutent mais personne n'y échappera. À partir de là, on peut s'en remettre à la célèbre formule de Winston Churchill : « Un pessimiste voit la difficulté dans chaque opportunité, un optimiste voit l'opportunité dans chaque difficulté. » L'hyperconnexion recèle son compte d'opportunités et de difficultés et va permettre à chaque entreprise de découvrir dans quel camp elle se situe.

Passons donc en revue ces difficultés et ces opportunités qui s'offrent à nous dans un avenir plus ou moins proche, et commençons par faire le constat que les dérives de l'hyperconnexion sont déjà visibles.

---

36. Sources : enquête Médiamétrie (1er semestre 2014), enquête Eurostat 2013, enquête CSA décembre 2013.

37. Thierry Crouzet, *J'ai débranché. Comment revivre sans Internet après une overdose,* Fayard, 2012.

Le monde dans lequel nous étions habitués à vivre était construit sur le caractère sacré de la parole, induit par sa rareté. « Parlons peu mais parlons bien » semblait être la devise, notamment des dirigeants, qu'ils soient politiques ou économiques. Aujourd'hui, l'hyperconnexion et son corollaire, l'hyperprésence, font clairement courir le risque d'une désacralisation de toutes les formes de parole. On a beaucoup fait mention de l'hyperprésidence de Nicolas Sarkozy, pour ne citer que cet exemple, dont certains ont souligné qu'elle conduisait à une banalisation de la parole présidentielle. Mais cette banalisation s'accomplit en plus aujourd'hui dans un espace hyper réactif, c'est-à-dire qu'elle se heurte au phénomène d'action-réaction produisant du *buzz* ou des polémiques. Nombreux sont les exemples de phrases et de tweets qui provoquent une réaction en chaîne effaçant souvent le sens premier du propos incriminé et échappant à toute forme de réflexion, selon un effet boule de neige. Car cette immédiateté empêche toute possibilité d'approfondissement, ou au moins de recul nécessaire à l'analyse et à la compréhension.

Ce phénomène a envahi tout l'espace : pas une conférence, pas une émission de télévision, aussi sérieuse soit-elle, où l'on n'invite pas le spectateur ou le téléspectateur à réagir *via* le SMS ou Twitter, dans des messages de 140 signes projetés en temps réel. Cela contredit l'idée même de réflexion en faisant s'affronter deux temporalités antagonistes : l'une longue, l'analyse ; l'autre immédiate, la réaction à chaud.

S'ajoute à cela l'illusion démocratique qui voudrait que tout un chacun puisse avoir un avis sur tout, contre tout, à chaque instant. Ce phénomène est à mettre en relation avec la crise des élites à laquelle nous assistons, élites vécues ou ressenties comme une atteinte à la sacralisation de l'individu roi devant disposer d'une totale reconnaissance de sa liberté d'expression, en dépit de ses compétences, qui est le dogme d'aujourd'hui. L'hyperconnexion a fait de la vraie vie, la nouvelle téléréalité.

On peut imaginer ce que cette notion recouvre de nuisible lorsqu'il s'agit de faire émerger, partager et adopter une culture d'entreprise.

Or, la culture d'entreprise s'épanouit ou se débat aujourd'hui dans cet espace hyper connecté et (faussement) hyper démocratique. Est-ce à dire que le tableau est forcément noir ? Non, car des exemples positifs existent. Il suffit de prendre le cas Bouygues. Face à l'offre financièrement extrêmement généreuse (mais socialement potentiellement dangereuse) de rachat de la filiale téléphonie du groupe de BTP par SFR en juin 2015, le refus de Martin Bouygues avec cette phrase « Tout n'est pas à vendre » a donné lieu à un déferlement d'éloges de la part de ses salariés sur les réseaux sociaux. Et cela s'est transformé de fait en une manifestation forte et quantifiable de la culture d'entreprise Bouygues et de la fierté d'en faire partie. Quantifiable parce qu'autrefois, ce *feedback* n'aurait pu avoir lieu, les gens auraient gardé leur sentiment pour eux, faute de moyens pour les exprimer ; peut-être certains auraient-ils écrit un courrier à leur direction, mais guère plus. Dans ce cas particulier, l'hyperconnexion a joué un rôle de démultiplicateur du sentiment d'appartenance et d'affirmation culturelle.

Mais tout n'est pas toujours aussi idyllique. L'entreprise et sa culture peuvent clairement être victimes des conséquences de l'hyperconnexion, d'abord parce que cette dernière modifie les rapports humains au sein même de l'entreprise. Les rapports humains entre managers et managés, les rapports humains entre information et communication, les rapports humains entre localisation par site et intersites, autant de dimensions que les entreprises doivent aujourd'hui apprendre à connaître et à maîtriser.

Une étude du cabinet Roland Berger Strategy Consultants, publiée en 2014, a mis en lumière la double facette de ces nouvelles technologies : « Les nouvelles technologies ne sont plus seulement un levier de productivité mais transforment en profondeur les organisations et leurs modes de management. » Plus loin, l'étude souligne que « la numérisation de l'économie et des entreprises ne peut se réduire à un énième changement organisationnel classique. Le digital est une mutation stratégique majeure qui engage toute l'entreprise, depuis la relation client ou fournisseur jusqu'aux processus internes, en passant par les modes d'implication des collaborateurs ». L'hyperconnexion est donc un fait, c'est même un nouveau monde, notre monde désormais.

Comment, dans ce cadre, parvenir à préserver l'essentiel, à savoir la qualité des rapports humains, particulièrement au sein des entreprises ? C'est là qu'intervient la notion essentielle et parfois trop négligée de culture d'entreprise. Car ce sera l'une des fonctions de la culture d'entreprise que de préserver, même au sein de l'entité la plus digitale, des moments humains déconnectés. Cela signifie être capable d'exploiter des outils aussi simples que la rencontre en face à face ou le travail de groupe.

Paradoxalement, pour s'épanouir dans l'hyperconnexion, la culture d'entreprise devra relever le challenge consistant à être un « contre-pouvoir » de l'hyperconnexion pour sauvegarder l'essentiel dans les rapports humains, que ce soit au sein de l'entreprise comme en dehors. Une entreprise ne peut plus se concevoir comme une « insularité » séparée dans l'espace et le temps : ma culture ne concerne mes salariés que pendant leur temps de présence en mon sein. Cette conception est bien évidemment obsolète, en raison des nouvelles formes d'emploi comme le télétravail, qui ont atomisé l'entreprise en élargissant presque à l'infini son champ. Mais ce n'est qu'une différence de degré et non de nature dans les rapports humains, qui restent le mode de relation essentiel, et c'est à cela que doit s'attacher la culture d'entreprise.

C'est même d'une certaine façon sa raison d'être, sauf à penser qu'un groupe n'est que la somme des individus qui le composent. Or, comme l'a démontré le psycho-sociologue Roger Mucchielli dans son ouvrage sur la dynamique des groupes : « Un agrégat de personnes n'est groupe que si des liens de face à face se nouent entre les personnes, mettant de l'unité dans leur «être là ensemble». Le groupe est une réalité dans la mesure où il y a interaction entre les personnes, une vie affective commune, et une participation de tous, même si cette existence groupale n'est pas consciente et même si aucune organisation officielle ne l'exprime[38]. »

L'hyperconnexion doit donc être pensée comme un outil de l'entreprise, permettant des gains de productivité d'une part, et d'autre part une réorganisation sociale pour répondre aux aspirations de certains salariés. Mais comme tout outil, elle peut s'avérer dangereuse entre des mains qui ne la maîtrisent pas. Il faut dès lors apprendre à s'en servir pour ne pas avoir à la subir. Aux entreprises d'organiser les pare-feu nécessaires, les soupapes de décompression permettant d'éviter les emballements de cette machine qui peut vite s'avérer monstrueuse.

Il est donc décisif de bien connaître les rites, la sémantique, la posture, l'histoire de son entreprise, c'est-à-dire les composants *in fine* de sa culture, pour qu'elle ne soit pas mise en danger par l'hyperconnexion et son temps accéléré. On n'est pas loin de l'injonction socratique : « Connais-toi toi-même. » L'hyperconnexion serait-elle alors la planche de salut des entreprises en les forçant à se reconsidérer et finalement à se redéfinir ? Pas si sûr, car on constate hélas aujourd'hui un certain aveuglement des entreprises qui se focalisent sur les outils de l'hyperconnexion au détriment des enjeux culturels. Le baromètre Edenred-Ipsos 2014 révèle que 55 % des entreprises françaises de plus de dix salariés équipent leurs employés d'une connexion Internet et d'un téléphone portable. Mais combien d'entre elles ont réfléchi profondément aux implications culturelles de ce choix ? On peut craindre que certaines entreprises aient parfois tendance à privilégier l'outil sur l'usage.

D'autant que ce nouveau monde pourrait potentiellement donner lieu à un choc générationnel. On l'a vu dans le chapitre précédent, l'arrivée

---

38. Roger Mucchielli, *La Dynamique des groupes*, ESF Éditeur, 1995, 14e édition, p. 104.

dans l'entreprise des « mutants », c'est-à-dire de la génération « digitalement greffée », va occasionner leur rencontre avec des adultes qui ne le sont pas et dont les pratiques, les codes culturels, la compréhension de ce nouveau monde sont différents. Mais c'est justement là une occasion d'entrer de plain-pied dans l'univers hyper connecté et d'éviter en outre le rapport de forces potentiel lié à l'hyperconnexion entre individus « initiés » et « non-initiés ». Il va justement falloir saisir l'opportunité offerte par l'hyperconnexion de rapprocher toutes les générations, en exploitant ce phénomène de basculement de la chaîne de transmission que l'on constate au sein des familles qui ont des enfants « Z ».

Ce basculement permet de mettre en place un véritable partage de savoir : les plus âgés auront la charge de transmettre les fondamentaux de la culture d'entreprise autour de la relation humaine, les mutants, de leur côté, seront chargés d'initier leurs aînés aux rites connectés. Si les entreprises sont capables de mettre en place les passerelles favorisant la rencontre entre ces générations, on pourra assister à une optimisation de l'hyperconnexion au sens humain du terme.

On l'a dit, les nouveaux outils et l'hyperconnexion ne vont pas simplement s'ajouter à l'arsenal de moyens de communication dont disposent les entreprises, ils vont en transformer profondément la nature. Ils vont contraindre les entreprises à réinventer une partie de l'organisation sociale. L'hyperconnexion va générer de fait de nouvelles postures et de nouveaux métiers dans l'entreprise et nul ne pourra y échapper. Il faut marteler ce constat : l'entreprise ne pourra pas s'abstraire de l'hyperconnexion mais devra avoir l'intelligence de réinventer son humanité. Hyperconnexion peut en effet rimer avec hyperhumanité !

À partir de là, l'enjeu va consister à bâtir des contenus intelligents et à créer des espaces humains de relation. La fonction passée de « producteur de produits ou de services » (je fabrique puis je vends) n'est plus d'actualité. L'entreprise va être amenée à construire tout un écosystème autour de son métier de base, avec au cœur, la marque comme élément à partager, c'est-à-dire une histoire et des valeurs. Mais dans ce postulat, le mot important est « partager », parce que cette relation de la marque avec autrui ne pourra plus être strictement *top-down*. L'entreprise ne maîtrisera plus tous les canaux et parmi les premiers producteurs de contenus, se trouveront les salariés lambda. Cela implique que l'entreprise devra apprendre à accepter un certain « lâcher prise » par rapport à la méfiance traditionnelle qui peut exister envers les salariés. « On ne sait pas ce qu'ils vont dire », « On ne peut pas contrôler », autant de phrases qui devront être rangées au placard.

En ce sens, l'hyperconnexion peut être une chance de bouleversement des visions parfois archaïques que les parties ont l'une envers l'autre. Si l'on est confiant dans sa culture, dans son management, dans sa valeur humaine, il n'y a aucune raison d'avoir peur que les salariés s'expriment. Cela revient à dire que l'entreprise de demain devra avoir le courage de libérer totalement la parole des salariés en les responsabilisant face à ce nouveau statut d'ambassadeurs par le vécu et non d'ambassadeurs par l'incantation. Bien sûr, puisqu'il s'agit de la vie professionnelle, cette libération ne peut s'affranchir de toutes les règles – à condition qu'elles soient clairement connues. C'est pourquoi les entreprises auront à fixer ces règles et à les rendre audibles en accompagnant de manière pédagogique cette prise de parole afin de contenir, et si possible empêcher, les dérapages. L'expérience montre d'ailleurs que les salariés qui s'expriment sur ou au nom de leur entreprise ne commettent que très rarement de dérapages. Là encore, difficultés et opportunités s'interpénètrent, mais bien appréhendée, l'hyperconnexion pourrait bien être le moyen d'une meilleure intégration des collaborateurs, si on leur en laisse la possibilité.

Mais, chose importante, l'entreprise doit comprendre que l'hyperconnexion n'est pas un sujet de « jeunes » : elle concerne tout le monde ; d'où le travail de fond à opérer pour être compris de manière transverse et éviter le jeunisme béat qui consiste à confier ces enjeux à des salariés débutants. L'intergénérationnel impose une association de compétences sur le sujet entre juniors et seniors, sans aucun jugement de valeurs !

Évidemment, cette nouvelle donne, ce nouveau partage dans la production de contenus font courir le risque d'une dispersion en termes d'image, voire de messages contradictoires, dans la mesure où la communication, interne ou externe, n'aura plus la totale maîtrise de ce qui sort de l'entreprise ou de ce qui circule en son sein. Là encore, la solution va consister en la mise en place de règles claires, accessibles à tous. Ce qui exige une fois de plus une bonne maîtrise de la culture de l'entreprise de la part des services de communication et des dirigeants, et une bonne capacité à créer l'adhésion autour de cette culture. Pendant longtemps, la solution choisie a été l'interdiction de toute parole, mais face à l'obligation de libération à laquelle ils sont confrontés, les dirigeants ne pourront faire l'impasse sur ce travail collectif de partage des règles. Les fonctions RH et communication vont fortement évoluer dans leurs périmètres respectifs mais aussi dans leur leadership.

L'hyperconnexion remet donc en cause une vision traditionnelle du *corporate*. En raison de la multiplication des contributeurs potentiels, le rayonnement *corporate* d'une entreprise ne sera plus vertical mais va prendre une forme à 360°. Mais là où d'aucuns pourraient y voir une perte de pouvoir de « l'émetteur », on peut aussi y voir une grande opportunité de participation de chacun à la vie *corporate*, version vie réelle.

Si l'on poursuit ce survol des transformations qu'occasionne ce nouveau monde hyper connecté, on doit aborder les nouvelles fonctions qui vont se créer au sein de l'entreprise, comme se sont créés de nouveaux métiers (celui des *community managers*, par exemple). Ces nouvelles fonctions, ce sont notamment les fonctions de veille. L'hyperconnexion fait évidemment courir le risque aux entreprises d'être en permanence challengées, critiquées, moquées sur la toile. Elles devront être capables de faire face à ce risque quasiment en temps réel, pour éviter les phénomènes de *buzz*. Elles devront donc adopter de nouveaux outils de veille, comme les robots qui scannent ce qui s'échange dans le cyber-espace. Mais dans le même temps, ces nouvelles fonctions vont générer un cycle d'informations qui peut être capital pour une entreprise, en lui permettant de connaître pratiquement à un instant t son image, son climat social, son potentiel d'attractivité, et en lui donnant la possibilité de renforcer sa communication interne comme externe. Elles lui offrent une nouvelle adaptabilité à son environnement.

Nouveaux métiers, aussi, au sein de la communication interne. Le « vivre ensemble » qui doit être privilégié sous l'angle humain, sous l'angle du contact, doit avoir son pendant digital. Les entreprises vont devoir être capables de répondre à la demande de bien-être dans l'espace connecté comme dans l'espace réel. Cela exige une nouvelle philosophie, de nouveaux outils et sonne le glas de l'Intranet de papa. La dichotomie entre émetteur et récepteur va s'estomper dans la mesure où les salariés eux-mêmes seront les deux. Cela sonne aussi le glas de l'expert technique seul maître après dieu, en offrant du même coup une meilleure circulation du savoir au sein de l'entreprise.

Qu'en est-il à présent de la gouvernance ? Comment celle-ci risque-t-elle d'être affectée par l'hyperconnexion, alors qu'elle a été, des décennies durant, protégée par les statuts et les modes d'organisation ? Aujourd'hui, un leader peut être jeté en pâture sur l'espace public *via* l'hyperconnexion. Le leadership se trouve donc tout naturellement mis en danger mais, dans le même temps, ce qui est bon pour l'entreprise l'est aussi pour les leaders. Ils doivent donc réfléchir à leur posture en écho à l'hyperconnexion. Encore faudra-t-il que les leaders ne cherchent pas une réponse toute faite, un « prêt à communiquer » clef en main, les exonérant du travail de réflexion. Car c'est là l'un des dangers majeurs des réseaux sociaux et de leur interactivité.

Cette interactivité et l'immédiateté qui l'accompagne ne doivent pas primer sur la réflexion. En clair, l'hyperconnexion ne doit pas se traduire par une hyper-réaction. De la même façon, hyperconnexion ne doit pas devenir hyperproduction. Les dirigeants n'ayant pas le temps matériel d'être présents en permanence sur les réseaux sociaux, la tentation pourrait être grande d'agir comme le font les hommes politiques (ou les grands patrons) en confiant la création de contenu à des professionnels, générant ainsi une nouvelle langue de bois quand l'heure est à une certaine forme de vérité. Le public n'a plus foi dans les formules toutes faites, si habiles soient-elles ; l'hyperconnexion les a rendus méfiants. Là encore, la réponse est dans la force de la culture de l'entreprise. Plus la culture sera forte, plus l'entreprise aura confiance dans son identité (et avec elle son dirigeant) et moins elle craindra une parole de vérité. Le patron hyper connecté de demain devra savoir résister à la surenchère que proposent les consultants et autres communicants qui cherchent à justifier leur business. La parole d'un dirigeant devra savoir rester rare et pertinente. Car le danger existe d'en oublier le métier de l'entreprise qui n'est pas de faire parler d'elle à tort et à travers sur les médias sociaux. Le partage de contenus doit rester mesuré, si l'on ne veut pas démonétiser rapidement la parole de l'entreprise ou de ses dirigeants.

En réalité, ce qui est à craindre, ce sont les effets de mode générés par la nouveauté qu'est l'hyperconnexion. Il faut y être, selon certains standards. Mais là encore, plus la culture de l'entreprise sera forte et assumée, moins elle risquera de tomber dans ces effets de mode. Cela veut-il dire que les entreprises qui ont perdu leur culture d'entreprise (pour toutes les raisons évoquées dans les chapitres précédents) sont condamnées à être victimes de l'hyperconnexion ? Je ne le pense pas. Au contraire, elles peuvent y trouver une opportunité formidable. Elles seront, comme les autres, confrontées à l'effet miroir de la prise de parole libérée et pourront trouver là, au-delà de la langue de bois, matière à se redéfinir, à se repenser et ainsi à retrouver leur identité culturelle. L'hyperconnexion est une opportunité historique de repenser le Sens avec un grand S !

Les entreprises, les salariés, les dirigeants, tous vont donc être touchés par les effets déstructurants et restructurants de l'hyperconnexion. *Quid* des partenaires sociaux ? On sait que l'hyperconnexion bouscule déjà et va bousculer encore plus la relation au travail. Avec les risques que l'on connaît, comme le souligne un article du site Info Expoprotection qui évoque l'expression de « laisse électronique » que les objets connectés créent entre l'entreprise et ses salariés, particulièrement les cadres. En Allemagne, poursuit l'article, le risque est pris très au sérieux puisque les journées d'arrêt maladie pour troubles psychologiques ont augmenté de 40 % entre 2008 et 2011. Jusqu'à présent, les entreprises, en France comme en Europe, ont choisi d'apporter une réponse de surface, de « comm. », pourrait-on dire, à travers des initiatives telles que des journées « détox », des règles sur l'interdiction d'envois de mail après 18 heures, pour ne citer que celles-là.

C'est-à-dire que jusqu'à présent, on s'est contenté de créer des règles dont l'objet est de maintenir le *statu quo* de l'ancien monde, celui du 9 h/18 h de la journée de travail traditionnelle. Mais cette réponse pourra-t-elle satisfaire les nouveaux salariés, ces fameux Z qui, au cœur de leur smartphone, de leur tablette ou de leur ordinateur portable, emporteront leur vie partout ? Leur vie professionnelle les accompagnera à la maison, leur vie privée les suivra au travail. On voit bien les limites de ces solutions packagées. Il va falloir rapidement songer à accepter, sur la base d'un accord mutuel avec les salariés, qu'il n'y a plus de frontières entre les différentes vies et que le calcul du temps de travail ne pourra plus se faire sur la base du temps de présence au sein de l'entreprise.

Ce débat va se poser, en France comme ailleurs, mais l'on peut craindre ici qu'il ne revête des formes caricaturales compte tenu de la nature des partenaires sociaux dans notre pays. Certes, il faudra parvenir à faire la part entre le harcèlement et la consommation à la carte. En clair, le harcèlement consiste à laisser ces managers « *digital addicts* » envoyer des mails à 3 heures du matin, en exigeant une réponse à 8 heures de la part de leurs salariés. La consommation à la carte, c'est la liberté offerte aux salariés de décider quand ils souhaitent prendre connaissance de ce que leur entreprise leur communique. On le voit, ce qui fait la différence, c'est le rapport de subordination. L'entreprise devra savoir écouter ses salariés, ne rien imposer mais rendre possible. L'hyperconnexion subie, c'est celle qui conduit au *burnout* dont on parle souvent. L'hyperconnexion choisie, c'est une nouvelle forme de liberté organisationnelle offerte aux employés.

Or, cette liberté passe par une individualisation des rapports à l'entreprise et l'on peut légitimement penser que le dialogue social va devoir suivre le même courant. Les partenaires sociaux, s'ils ne veulent pas être encore plus déconnectés (sans jeu de mots) de la réalité des salariés qu'ils ne le sont aujourd'hui (rappelons le taux de syndicalisation en France de 7 %), devront accepter une forme d'individualisation du rapport social, c'est-à-dire une véritable révolution copernicienne dans un pays jacobin comme le nôtre.

La question est grande de savoir si la France saura oublier ses vieux réflexes conservateurs face à une évolution inéluctable. Et de savoir si les entreprises sauront relever cet énorme défi, presque paradoxal : alors que les outils connectés sont souvent vécus comme autant de boîtes noires, d'outils de contrôle, les entreprises vont devoir faire la preuve que ces outils peuvent en réalité devenir les moyens d'une vraie libération dans le rapport à l'entreprise. Ce défi est un chantier titanesque en France où l'on a une capacité hors du commun à s'arc-bouter contre la nouveauté et où l'entreprise est vue comme un censeur.

L'hyperconnexion va refonder la notion d'heures travaillées, particulièrement dans l'économie tertiaire. Comment va-t-on manager des salariés qui ne seront physiquement plus là ? Comment créer un esprit d'équipe à l'ère de l'atomisation des structures ? La réponse est encore et toujours à trouver dans la culture d'entreprise et dans les dynamiques de rassemblement qu'elle peut créer. Plus l'hyperconnexion est active, plus l'entreprise doit réfléchir à une stratégie de rencontres physiques.

On l'a compris, l'hyperconnexion bouleverse de nombreux fondamentaux de l'organisation sociale dans l'entreprise et le rapport aux salariés. L'entreprise qui ne réussira pas à créer cette nouvelle organisation courra le risque non pas uniquement de se déconnecter de ses salariés mais surtout de s'affaiblir en perdant de son capital émotionnel. Encore faudra-t-il qu'elle offre aux salariés la possibilité de se connecter. 80 % des ouvriers dans les entreprises du tissu industriel n'ont pas de connexion avec leur entreprise, faute d'outils sur le lieu de travail. Pourtant, ces mêmes ouvriers disposent, à titre personnel, de smartphones et d'ordinateurs. On assistera alors à une forme de discrimination par le statut si les entreprises ne se décident pas à mettre au point une application qui permette à ces ouvriers, s'ils le désirent, de se connecter à leur entreprise au même titre que les cadres. Si l'on aspire à une large adhésion à la culture de l'entreprise, il faut penser ces outils de l'hyperconnexion pour en faire des atouts culturels, notamment pour ces milliers de salariés qui n'ont pas naturellement de lien de connexion avec leur entreprise.

De l'hyperconnexion, on a donc à la fois tout à craindre et tout à espérer, comme des langues d'Ésope. À la condition que les politiques relèvent aussi ce challenge, en termes d'aménagement du territoire. L'apparition du télétravail a fait naître ce rêve d'une meilleure répartition géographique de l'emploi, d'une fin de l'hypercentralisation à la française. Encore faudra-t-il que soient mis en œuvre les moyens techniques nécessaires. À défaut, on risque de voir une fracture, numérique celle-ci, s'amplifier entre les zones urbaines et périurbaines hyper connectées et des zones de désert digital, dont le tissu entrepreneurial local aurait fortement à pâtir.

Regard alternatif

Christophe Tellier, fondateur associé du cabinet Beyond Associés, Executive Talent Advisory

Après une carrière dans de grands groupes anglo-saxons, Christophe Tellier a passé dix-huit ans au sein de Russell Reynolds Associates où il a géré et coordonné la stratégie mondiale des secteurs et des programmes de gestion de relations clients, avant de créer son propre cabinet. À mes yeux, il est sûrement l'un des meilleurs chasseurs de têtes au monde, doté d'un supplément d'âme qui lui permet de savoir lire celle des autres… Disruptif dans son approche, il a fait de la dimension culturelle une posture dans l'art non pas de questionner mais de converser avec les talents qu'il croise aux quatre coins du globe ; de la conversation naît l'adhésion culturelle et la reconnaissance, et face à notre monde de l'hyperconnexion, le temps de converser est un hymne au temps humain retrouvé.

Laissons-lui la parole.

« Dans un monde fasciné et facilité par l'instantanéité où tout tend à devenir transactionnel, les éléments de culture d'entreprise deviennent de plus en plus les pivots du recrutement des dirigeants, mais aussi de leur développement. Or, quoi de plus difficile à appréhender qu'une culture d'entreprise au travers d'un acte transactionnel qui par définition implique des intérêts multiples et parfois cachés ? Il est plus que jamais indispensable de donner la profondeur nécessaire à ces décisions qui sont éminemment stratégiques pour les entreprises et pour les dirigeants eux-mêmes.

Cette profondeur peut être apportée par la place laissée au temps dans un processus de recrutement et de développement. Le temps de la relation interpersonnelle, celle qui va au-delà d'un entretien structuré autour d'un CV retraçant une carrière souvent brillante et des discours parfaits sortis des dernières publications des meilleurs MBA. Le temps qui ouvre des conversations et qui donne aux uns et aux autres une opportunité unique de se rencontrer et de mesurer sans artifice l'adéquation de leurs motivations profondes à réaliser des choses ensemble.

Si nous répondons avec l'agilité nécessaire aux demandes immédiates voire urgentes de nos clients pour recruter et/ou évaluer des dirigeants à travers le monde sur des projets très déterminés et spécifiques, nous nous efforçons également de les guider en parallèle vers des conversations plus spontanées avec des candidats, sans enjeux prédéfinis. En clair, sans poste à pourvoir.

En créant une intimité forte avec nos clients, en nous imprégnant de leur stratégie, de leur culture, qui n'est autre que la façon dont ils font les choses, et en créant des moments de conversation autour de leurs projets avec des candidats que nous avons pris soin d'évaluer au-delà de leur CV, nous pouvons offrir aux deux des moments d'échanges sans GPS et avec l'authenticité pour seul principe préétabli.

Les conversations que nous créons s'étalent dans le temps. Une première conversation entraîne, ou pas, une deuxième, puis une troisième. Sans la pression du temps, clients et candidats apprennent à se définir et à se connaître. À partir de ces conversations se dessinent des centres d'intérêts communs, des valeurs communes. De ces conversations, émergent des compétences tangibles et parfois inattendues. Tout cela suscite des réflexions et des questions sans tabou.

Notre expérience de ces conversations nous démontre que tout le monde y gagne en efficacité et surtout en gestion du risque majeur qui plane au-dessus de toute décision de recrutement et de développement, à savoir l'inadéquation culturelle. Après plusieurs conversations, la valeur ajoutée qu'apportera le candidat est claire et l'organisation tout comme la stratégie de l'entreprise le sont également pour l'intéressé. S'il décide de s'engager, le risque d'erreur est ramené à sa plus faible expression.

Beaucoup de nos clients clés plébiscitent cette approche des conversations et la voient comme un avantage compétitif pour eux. Un recrutement de dirigeants prend souvent trois à six mois. Une conversation ne prend pas moins de temps mais en revanche, elle offre tous les bénéfices d'une relation qui s'est construite dans le temps et sans la certitude d'une transaction.

C'est finalement très rassurant et confortable de ne rien attendre d'autre d'une conversation que de mieux mesurer des opportunités bilatérales sans la pression d'une décision imminente et en toute transparence. »

Chapitre 6

Dis-moi quelle est ta culture, je te dirai qui je suis

Avant de répondre à la formule volontairement paradoxale du titre de ce chapitre, il me semble intéressant de faire le point sur ce que l'on appelle la culture d'entreprise, même si nous en parlons depuis le début de ce livre. Comme l'écrit Maurice Thévenet, professeur au Cnam et à l'Essec, « la culture caractérise l'entreprise et la distingue des autres, dans son apparence et, surtout, dans ses façons de réagir aux situations courantes de la vie de l'entreprise comme traiter avec un marché, définir son standard d'efficacité ou traiter des problèmes de personnel[39] ». Si la question de la culture se pose de plus en plus crûment aujourd'hui, c'est bien parce que l'environnement des entreprises a changé. Le monde s'est globalisé et cette globalisation s'accompagne d'une uniformisation, voire d'une aseptisation. Partout on parle, on consomme, on se nourrit, on s'exhibe, on s'informe et on se distrait de plus en plus de la même manière.

---

39. Maurice Thévenet, *La Culture d'entreprise*, Presses Universitaires de France, collection « Que sais-je ? », édition de 1993.

Aussi, marquer ses différences culturelles sera le meilleur moyen d'être identifié, à la fois comme performant et comme attractif. Il suffit d'observer la manière dont un géant comme Apple a su construire une véritable culture autour de produits dont les équivalents existent peu ou prou chez ses concurrents, mais qui, indépendamment de leur qualité, véhiculent un caractère différenciant et jouent, en outre, le rôle de signes de ralliement des adeptes de la tribu de la pomme.

Regard alternatif

Gérald Karsenty, président directeur général de Hewlett Packard France SAS et professeur à HEC Paris

« La culture est tout » : « Dans les différentes entreprises que j'ai pratiquées, la culture a toujours joué un rôle majeur », affirme-t-il.

« Chez IBM, l'empreinte de Louis V. Gerstner, qui fut le CEO emblématique de la transformation du groupe, est importante. Il écrivait dans son célèbre ouvrage *Who says Elephants can't dance ?*[1] : "Tout compte, tout peut se copier, mais la seule chose que personne ne peut copier, c'est notre culture !" Toutes les entreprises ont une culture, la seule différence entre des cultures molles et des cultures fortes, c'est la manière dont on s'identifie à elles, dont on les défend !

Prenons l'exemple de Hewlett Packard : les deux fondateurs, David Packard et William Hewlett, qui ont créé l'entreprise en 1939 à Palo Alto, ont compris très vite l'importance du modèle culturel qu'ils étaient en train de créer et l'ont couché sur le papier avec la célèbre "HP Way". Ce texte mythique s'il en est, est devenu un référent connu de tous. Mais il a vieilli sans que personne n'y prenne garde ; il existait et ça suffisait ! Le génie de Meg Whitman, lorsqu'elle reprit les rênes d'HP à un moment difficile de la vie de l'entreprise, fut de s'appuyer

---

1. Louis V. Gerstner, *Who says Elephants can't dance?*, HarperBusiness, 2003.

justement sur la HP Way pour lancer sa fameuse "HP Way Now" ! En actualisant le texte fondateur, elle s'appuyait sur les racines pour encenser un futur auquel elle nous invitait. L'effet fut immédiat : un pilote, une culture, une identité ; en bref on y est ou on n'y est pas !

En France, cette dynamique insuffle un état d'esprit dont je suis bien sûr le garant en tant que président, mais mon vrai rôle est de bâtir une relation de confiance entre le projet de l'entreprise et les salariés. Cette confiance est ce dont je suis le plus fier car elle repose sur une vraie logique de transparence. La HP Way est l'âme de l'entreprise et il est essentiel que le chef d'entreprise en soit non seulement le garant mais qu'il l'incarne vraiment. L'attitude d'un leader, ses prises de positions sont toujours scrutées par ses équipes et jugées à l'aune des grands engagements de l'entreprise. La culture d'entreprise ne relève pas de la philosophie, elle est incarnée ou pas.

J'ai beaucoup aimé le livre d'Howard Schultz, le fondateur de Starbucks, qui choisit pour relater l'histoire de son groupe ce titre qui en dit long : *Comment Starbucks a sauvé sa peau sans perdre son âme*[2]. En 2008, il revient aux commandes du groupe qui s'enfonce dans le rouge. Il doit le reconstruire en revenant aux bases de ce qui a fait son succès. Aux racines de sa culture d'origine. Mais justement, pas question pour lui d'abandonner ses convictions profondes au prétexte de satisfaire les marchés financiers. C'est un ouvrage à lire. Il en va de même dans toutes les entreprises, ne pas être en phase avec une politique ou une culture ne laisse pas le choix à un dirigeant : il faut partir, car on ne peut être l'homme ou la femme de la situation. La culture d'entreprise est par essence une question d'honnêteté morale, on est dans le domaine de l'éthique.

Pourtant, nombreux sont celles et ceux qui restent dans des entreprises auxquelles ils ne s'identifient pas ou plus : peur de la perte d'emploi, ancrage dans des habitudes, emprise des statuts, qu'importe, ces

---

2. Howard Schultz, *Comment Starbucks a sauvé sa peau sans perdre son âme*, Télémaque, 2011.

personnesse rendent victimes avant tout d'un décalage avec elles-mêmes ! J'en comprends les raisons, mais le vivre n'est alors pas simple du tout. C'est sans doute ce qui explique le mal-être d'une partie des salariés français. Gagner de l'argent n'est pas une motivation suffisante. Certes nécessaire mais pas suffisante. Il faut trouver au travail une énergie, des valeurs, et quand elles sont manquantes, alors cela se complique.

La culture c'est aussi le futur d'une entreprise, son évolution : la compétitivité impose l'ouverture ; l'ouverture sur le monde, sur les autres. En ce sens, je suis très sensible chez Hewlett Packard Enterprise aux enjeux de la RSE, non pas parce que c'est à la mode mais parce que nous y croyons profondément. Avec l'enjeu de l'emploi des jeunes, la mixité est pour moi une priorité et je me retrouve dans les propos de Stéphane Richard (président d'Orange) qui dit : "La mixité, c'est la promotion d'une évidence ! Une culture vous engage, elle vous amène à être vous-même. À la fois en tant qu'être humain et en tant que dirigeant, je fais de la culture d'entreprise l'élément le plus important de mon parcours. C'est elle qui donne du sens à ce que je suis." »

La culture d'entreprise intervient sur trois niveaux :

▶ la sphère RH, c'est-à-dire les salariés et les candidats à l'embauche, où elle fait office de pôle de motivation et d'attractivité ;

▶ la sphère managériale où elle permet théoriquement d'intégrer la performance humaine des managers (alors qu'aujourd'hui, on ne leur permet pas toujours d'exprimer cette dimension humaine) ;

▶ la sphère sociétale, où la culture est un élément clé de la reconnaissance par le grand public et plus largement les cibles externes, telles que les clients, les médias ou les fournisseurs.

Une entreprise, dès sa création, a donc une marque culturelle. Celle-ci réside dans les convictions, dans le projet, dans le profil de son créateur. Au départ, la culture se confond souvent avec le projet d'entreprise.

Celle-ci a une orientation, une finalité qui correspondent au rêve et à l'ambition de son créateur. C'est particulièrement vrai dans les startups où le projet *est* culture et dans le cas des startups « high tech » : le comportement *est* culture, sous l'influence des modes anglo-saxonnes que l'on observe dans les entreprises de type Google ou Apple.

Après sa création, et si son développement se déroule bien, l'entreprise fait face à des caps parmi lesquels l'un est très important : c'est le passage à 50/100 salariés que la majeure partie des cadres dirigeants n'auront jamais connu de leur vie. L'enjeu, dès lors, est de parvenir à aligner le groupe sur les fondamentaux de la culture de l'entreprise. À partir de là se distinguent les pionniers, abreuvés dès l'origine aux valeurs initiales, de celles et ceux qui ont été séduits par le projet mais qui viennent y chercher autre chose – que ce soit une réputation, une garantie par rapport à l'emploi, une garantie quant à la qualité des sujets traités ou des personnes rencontrées.

On constate généralement qu'inconsciemment, la taille de l'entreprise correspond à un certain standing. Les prémices de ces réactions s'observent donc généralement lorsque l'on passe le cap des 50 salariés, ce qui exige du leader d'abandonner l'approche instinctive de la culture pour privilégier sa formalisation. C'est un point crucial car l'expérience montre que nombre de jeunes pousses défaillent lorsque ce passage s'avère mal géré. Elles peuvent alors atteindre 100, 200 voire 300 salariés tout en se retrouvant débordées sur le plan humain en raison de l'affaiblissement du liant culturel au profit d'une simple « association de compétences ».

Pour les entreprises de plus longue date, la culture est un état de fait, intergénérationnel et intermétiers. La distinction se fait par la nature même des entreprises. La situation culturelle n'est pas la même selon qu'on se trouve face à une entreprise indépendante, familiale ou cotée, mais ce qui émerge, c'est que dans tous les cas de figure, le garant (ou pas) de la culture de l'entreprise demeure toujours son dirigeant, et son comité exécutif pour les entreprises les plus grandes ; bref, la sphère dirigeante. Bien sûr, lorsque je dis « garant », cela signifie qu'ils sont les garants de l'équilibre culturel, cela ne signifie pas qu'ils assurent personnellement et au quotidien cet équilibre. Parce que se posent alors les problèmes de transmission, de cohérence et d'éthique sur le plan de la culture.

La transmission ne peut avoir lieu que si l'on parvient à créer, notamment dans les très grandes structures, les rites qui permettront à chacun, quelle que soit sa position dans l'entreprise, de s'en approprier la culture. Il faut donc qu'un postulat soit posé par rapport à ces rites, exigeant que la culture soit clairement identifiée comme l'élément indiscutable, j'insiste sur ce mot, de l'adhésion des salariés à l'entreprise et à son projet. Il faut affirmer ce en quoi l'on croit, énoncer l'éthique et les valeurs qui sous-tendent un comportement.

Nous en arrivons à présent à la réponse à l'interrogation paradoxale qui ouvre ce chapitre. Lorsque le postulat culturel est clair, il est alors facile pour tous de se situer par rapport aux engagements et aux valeurs de l'entreprise. Libre à chacun de ne pas y adhérer, à condition d'en tirer les conséquences logiques. Rester signifie que l'on y adhère et que l'on doit dès lors être irréprochable sur la question ; ne pas y adhérer implique que l'on quitte l'entreprise.

Malheureusement, sur cette question-là, beaucoup d'entreprises sont dans la confusion la plus totale. Ainsi, de nombreux dirigeants ont l'impression d'avoir résolu le problème lorsqu'ils ont défini ce qu'on appelle les « valeurs de l'entreprise », ses « dix commandements » et qu'ils s'attachent à les plaquer artificiellement sur la structure. Hélas pour eux, la culture est un phénomène beaucoup plus exigeant. Elle exige des rites d'initiation cohérents que l'on doit créer. Or, on constate dans la plupart des entreprises l'absence de cette initiation à la culture, comme si l'on espérait qu'elle se fasse par l'action du Saint-Esprit. Peut-être y a-t-il là une cause du taux très faible de salariés réellement engagés dans leur entreprise, comme l'a montré une étude Gallup. Ce taux est de 30 % aux États-Unis, de 15 % en Allemagne, et seulement de 9 % en France et aux Pays-Bas[40].

Or, si l'on veut transmettre des valeurs ou des repères, il faut au préalable initier culturellement. Sinon, on se retrouve dans cette situation aberrante que j'ai déjà évoquée où 70 % des managers trentenaires, appartenant à la génération Y, déclarent ne pas adhérer aux valeurs de leur entreprise. Situation qui prouve par l'absurde l'absence d'initiation culturelle qui empêche les valeurs de se développer faute d'un terreau propice. Par manque d'implication des dirigeants sur le sujet ou par sa confiscation par telle direction ou telle autre, on préfère souvent produire une littérature sur ce thème plutôt que de développer l'oralité de la transmission. Plutôt que de réciter le bréviaire, il vaut mieux faire vivre l'esprit de la lettre ! Paul de Tarse (Saint Paul) n'écrivait-il pas : « La lettre tue, mais l'esprit vivifie. » ? La culture est la vie !

Le problème de fond, c'est que depuis une trentaine d'années la culture a été oubliée dans le management, au profit de recettes façon « guide du parfait manager », compilant ce qu'il faut dire et ce qu'il faut faire pour atteindre un objectif purement économique. On obtient ainsi des managers « copiés-collés », maniant à merveille la langue de bois dans laquelle viennent et reviennent des mots « fourre-tout » comme « respect » ou « confiance » mais qui, dans leur pratique quotidienne, ne donnent aucune réalité à leur discours.

On dit qu'il n'y a pas d'amour, qu'il n'y a que des preuves d'amour. On pourrait paraphraser la formule en disant qu'il n'y a pas de culture, il n'y a que des preuves de culture. La culture est la manifestation de

---

40. Source : « State of the Global Workplace : employee engagement insights for business leaders worldwide », Gallup Inc., 2013.

la volonté humaine de l'ambition de l'entreprise. Cet élément, qui est aujourd'hui celui dont on parle le moins, est pourtant l'élément le plus tangible de la crédibilité même de la marque. Pourtant, toutes les études, et notamment celle menée au début des années 1990 par John P. Kotter et James L. Heskett, professeurs à la Harvard Business School[41], ont en effet démontré la relation de causalité qui existe entre la culture d'une entreprise et ses résultats. Selon ces deux chercheurs américains, les entreprises les plus performantes, c'est-à-dire les plus rentables, font preuve d'une culture forte.

Mais cette culture d'entreprise, comment parvenir à la maintenir vivace lorsque le fondateur s'en va ou lorsque l'entreprise parvient à une taille critique ne favorisant plus les relations directes entre le *top* et le *down* ? C'est là qu'intervient une étape primordiale, celle encore une fois de la formalisation des rites. Il faut établir de façon claire ce qui est ou n'est pas l'entreprise, ce qui revient à dire qu'il faut assumer la part spirituelle inhérente à chaque entreprise. On entend déjà les cris d'orfraie des contempteurs de l'entreprise, qui ne manqueront pas d'assimiler cela à une démarche sectaire. Pourtant, l'esprit est ce qui distingue un individu d'un autre, il en est de même pour les organisations. Et quand la culture est forte et assumée, elle survit aux changements. Jean-Dominique Senard, actuel patron du groupe Michelin, n'est pas un membre de la famille fondatrice du groupe, mais il ne le dirige pas moins dans le même état d'esprit, dans la même culture. La culture Michelin est inscrite non pas dans de quelconques tables de la loi rangées dans un obscur coffre-fort, mais dans tous les process de l'entreprise. Il devrait en être de même partout.

J'emploie souvent le terme de « rites » dans ce livre tant il me semble important de donner du sens pratique au vivre ensemble : pour ma part, je crois à la dimension spirituelle d'une entreprise lorsqu'il s'agit de la

---

41. John P. Kotter et James L. Heskett, *Corporate Culture and Performance*, Free Press, 1992.

mobilisation et de la croyance en un projet de salariés censés être en harmonie. La culture est un rempart à une forme de chienlit individualiste qui fait perdre la puissance de l'intérêt collectif. Ce qui est valable pour l'entreprise l'est encore une fois pour la Cité dans son ensemble.

Alors, en quoi doit consister cette initiation dont je parlais plus haut ? Elle passe d'abord par des rites de recrutement. Ces rites doivent être extrêmement discriminants sur le plan de la culture. Actuellement, l'objectif majeur des recruteurs est d'attirer des candidats correspondant à une grille de compétences, dans une démarche de séduction à objectif quantitatif : attirer le plus de monde possible. Puis le processus vise à évaluer les compétences. Or cette méthode aboutit souvent soit à un turnover massif au bout de quelques mois, soit à des problèmes de management et/ou d'intégration générationnelle. Cela prouve que la dimension culturelle n'a pas été prise en compte et n'a pas été associée à la grille de sélection. Des rites discriminants sur le plan culturel auraient pu écarter les candidats qui, bien qu'ayant les compétences requises, n'avaient pas le profil adapté à la culture de l'entreprise.

Ainsi, La Redoute, vieille dame roubaisienne, a su révolutionner son mode de recrutement pour y intégrer sa nouvelle dimension d'e-commerçant, en exploitant les nouveaux outils que sont le SMS et les réseaux de type LinkedIn ou Facebook. Pour la DRH Émilie Martens, cette nouvelle approche n'est pas un caprice lié à la mode : « Ma posture est de jouer l'ambassadeur de la marque et de prouver que le projet d'entreprise a changé[42]. » Pour y parvenir, encore faut-il que les recruteurs ne soient pas uniquement jugés à l'aune du quantitatif et de l'adéquation des compétences, comme c'est le cas aujourd'hui, mais aussi à l'aune de l'adéquation culturelle. La question à se poser est d'une simplicité biblique : sommes-nous faits pour être ensemble ? Car c'est bien là le sens du mot « discriminant ». Le terme est devenu un tabou, un repoussoir, parce que

---

42. *Les Échos*, 5 mai 2015.

son acception a été détournée. Bien évidemment, l'entreprise ne doit pas être discriminante sur des préjugés. Mais discriminer, c'est choisir, et comme dans la relation amoureuse, les entreprises ont le droit, le devoir de choisir celles ou ceux avec qui elles souhaitent s'engager.

Aux rites de recrutement doivent ensuite naturellement succéder les rites d'intégration. Et ces rites doivent s'accompagner d'une évaluation des acquis culturels dans les douze à dix-huit mois qui suivent l'arrivée du nouveau collaborateur. Comment s'est-il approprié cette culture, comment vit-il l'entreprise, comment évolue-t-il au sein de cet environnement culturel ? Insistons bien sur le fait qu'il ne s'agit pas là d'une évaluation des compétences, mais de l'être humain en relation avec le groupe. Pour illustrer ce propos : avec mes équipes nous avons aidé un grand groupe de distribution à diviser par deux un turnover extrêmement élevé dans les douze premiers mois d'intégration en instaurant deux rites issus directement de l'ADN de l'entreprise :

▶ *la symbolique du contrat de travail revisitée en contrat moral du vivre ensemble.* Le principe fut fort simple : l'entreprise qualifiait ses responsables de magasins de « patrons » mais, comme beaucoup, laissait traiter la signature des contrats des équipes par les RH qui les expédiaient par la Poste. Premier rite : chaque manager reçoit son futur collaborateur pour lui commenter son contrat, lui faire signer et en parallèle lui présenter le contrat du vivre ensemble, véritable acte de foi culturel. Clairement nous réinventions la parole donnée, les yeux dans les yeux !

▶ *la symbolique de la remise du maillot.* Toute personne qui s'intéresse au sport sait la transcendance que revêt la remise du maillot dans le vestiaire par l'entraîneur ; ce moment où l'athlète fait peau commune avec l'équipe, où il devient un guerrier. Dans les magasins, chaque collaborateur portait un tablier de la couleur de la marque ; il fut décidé d'en donner un d'une autre couleur aux jeunes recrues durant leur période d'essai. De telle sorte que les clients et les collègues identifient facilement dans les rayons le jeune impétrant. Une fois confirmé dans son poste, chaque jeune collaborateur se voit convié par son manager direct, son « patron », à une vraie remise du maillot : devant la cinquantaine de collègues réunis et autour d'un pot « à la bonne franquette », on lui remet le bon tablier sous les applaudissements fournis de tous. Un grand moment d'émotion, de chaleur, de larmes aussi (pour les deux dont je fus témoin). Le sentiment d'entrer dans la tribu, de « faire équipe » prenait en effet tout son sens.

Une équipe que l'on rejoint en connaissance de cause, aux valeurs de laquelle on adhère, on ne la quitte pas si facilement ; la conscience de soi et des autres est souvent meilleure conseillère que l'impulsivité. Résultat : une baisse de 50 % du turnover en moins d'un an, une dynamisation de l'ambiance et de managers devenus de vrais patrons, sans parler des économies réalisées !

Parmi les rites, il y a bien sûr aussi celui de la transmission, du top management vers le middle-management. Les managers sont les garants opérationnels quotidiens de la culture. Or, très souvent, ils évaluent et sanctionnent selon des critères liés aux compétences, au strict respect des objectifs, à la performance. Le respect et l'adhésion à la culture sont rarement pris en compte. C'est pourquoi on voit si souvent des managers sur-performants en terme de business se comporter en despotes envers leurs subordonnés. Ce profil peut se maintenir uniquement parce qu'ils font du chiffre et ce souvent, en contradiction avec l'affirmation d'une culture du respect au sein de l'entreprise. Si la culture était prise en compte, et donc si les affirmations de respect qu'elle est censée véhiculer étaient véritablement mises en œuvre, ce type de manager terroriste devrait être licencié. Dans ce cas de figure, une entreprise ne tirant pas les conséquences logiques en se séparant d'un tel collaborateur n'est plus crédible sur le terrain culturel. Et c'est vrai pour le management intermédiaire comme pour les leaders.

Cet état de fait est la preuve que la culture ne se décrète pas, elle doit être vécue. Mais force est de constater qu'elle n'est souvent qu'un assemblage d'affirmations non étayées. J'en veux pour preuve le caractère interchangeable des valeurs proclamées par les entreprises dans leurs plaquettes sur papier glacé. Interchangeable dans le sens où on retrouve partout les mêmes, sans qu'elles ne produisent un corpus culturel différenciant. Or, par définition, le bagage culturel est ce qui doit permettre à l'entreprise X de se distinguer de l'entreprise Y. C'est le règne du « copié-collé » qui empêche finalement de connaître la véritable culture de l'organisation.

Il est d'ailleurs important de rappeler que l'entreprise n'a pas pour vocation d'imposer des valeurs, qui relèvent de la sphère privée. En revanche, elle peut exiger un certain type de comportement. Les comportements sont, à ce titre, la seule preuve tangible de l'incarnation de la culture de l'entreprise. Ce sont donc ces comportements et les rites de croyance qu'elle doit s'attacher à développer. C'est beaucoup plus impliquant, beaucoup plus sophistiqué, beaucoup plus difficile aussi que d'aligner les déclarations d'intention qui n'engagent finalement à rien. Et le comportement, encore une fois, ne concerne pas que la performance.

La culture est aux êtres humains et aux organisations ce que l'air est au corps, un élément vital qui nous enveloppe et qui doit être un critère essentiel d'appréciation. Mieux, par l'exigence qu'elle sous-tend, la culture n'autorise pas le compromis. C'est le miroir grossissant du déficit d'humanité dans les entreprises, qui se contentent des incantations, des modes, des beaux discours, rendant impossible la création de ce ciment véritable qui fait d'une entreprise une tribu.

Pourtant, cette notion de force du lien, induite par la culture, est essentielle, notamment dans les univers froids, très techniques. Airbus a ainsi su créer une force du lien autour de son projet. « Être Airbus » est un sentiment partagé chez l'avionneur, sentiment construit sur une culture de l'excellence. Ce qui prouve que la culture, ce n'est pas l'entreprise au pays des Bisounours.

Si l'on prend par exemple l'engouement des médias pour les startups, comment l'explique-t-on ? D'abord, par le goût partagé pour les *success stories* et par le tropisme très français pour les petites structures, opposées aux grandes multinationales vues comme déshumanisées et comme championnes du double discours : faites ce que je dis, pas ce que je fais. Mais on peut l'expliquer aussi par une affirmation culturelle qui se traduit notamment par un « vivre ensemble » différent. L'interview de Frédéric Mazzella, cofondateur de BlaBlaCar, publiée sur le site *L'Express L'Entreprise* en mars 2015 est symptomatique d'une approche culturelle du management totalement personnelle, sans tabou et pleinement assumée : « Notre boîte est jeune : les gens font le travail qu'ils sont venus chercher. Si quelqu'un n'est pas heureux chez nous, il doit trouver autre chose. Nous n'avons pas de RH (ressources humaines) : le recrutement se fait en direct avec l'équipe concernée. Je ne crois pas aux process mais aux valeurs partagées. »

D'une façon générale, les startups ont l'image d'entreprises où l'humain est pris en compte, où les notions de partage et de collaboration sont plus fortes. Mais à bien y réfléchir, ce n'est pas une nouveauté. Les startups ont toujours existé. La plupart des entreprises furent un jour de « jeunes pousses », nées de la volonté d'une personne ou d'un groupe de personnes, le ou les fondateurs. L'abus de langage médiatique qui distingue aujourd'hui, en les glorifiant, les startups des entreprises « classiques » ne fait que révéler la sociologie française du rapport à l'entreprise.

La culture est l'antidote absolu à la banalisation des modes qui enferment les entreprises dans un politiquement correct tant sur le plan du business que de l'humain. Aujourd'hui, nous nous situons dans un copié-collé qui se manifeste par un manque total de créativité et d'audace managériale. D'où cette langue commune, ces postures communes, ces valeurs communes. Pourtant, la prise de conscience est là. On observe que de plus en plus de chefs d'entreprises se saisissent du sujet en commandant des études et des audits, mais s'arrêtent à mi-chemin en faisant porter à leurs équipes le poids de la mise en œuvre des changements. Or sans exemplarité du top management, que peut-on espérer ?

Face au déficit de culture, les entreprises n'offrent pas de choix, elles ne font qu'offrir des jobs. Elles ont initié une relation strictement matérialiste avec leurs candidats et leurs salariés, y compris dans les « entreprises où il fait bon vivre », avec les multiples avantages. D'aventure humaine, point ou du moins peu. Comment s'étonner alors que pour bon nombre de salariés, l'entreprise se résume à un lieu où l'on vient surtout chercher un salaire ? En outre, cette absence de choix prive ces entreprises de candidats pour qui cette liberté de choisir est un critère déterminant.

En revanche, quand la culture est forte, elles attirent les candidats en leur offrant cette possibilité de faire un choix et peu importe alors qu'elles soient grosses ou petites, sur un secteur attirant ou non. Si le candidat s'y reconnaît, il y viendra ; si le salarié s'y reconnaît, il y restera. Cela va être déterminant parce que les salariés refuseront de plus en plus de sacrifier ce qu'ils sont en tant qu'êtres humains, et ne voudront pas renier ce en quoi ils croient. L'arrivée imminente de la génération Z va amplifier ce phénomène et imposer aux entreprises de développer un rapport constructif et individuel sur l'adéquation culturelle. Cette génération qui arrive, persuadée de n'avoir que des droits, devra être éduquée à l'équilibre entre droits et devoirs. Sans tomber dans la fameuse réplique de JFK (« Ne vous demandez pas ce qu'Oncle Sam peut faire pour vous mais ce que vous pouvez faire pour l'Oncle Sam »), la question de cet échange de bons procédés va devoir se poser en termes clairs, précisant ce que chacun est en droit d'attendre de l'autre. En ce sens, la culture va être l'outil permettant aux entreprises de canaliser l'ego des nouvelles générations, au profit du collectif. Pour résumer, on peut dire que la culture est ou sera le miroir de la force du collectif.

Pour prendre un exemple se situant hors du cadre entrepreneurial, on peut étudier le cas de l'équipe de France de handball, la sélection la plus titrée de tous les temps, avec cinq titres mondiaux (1995, 2001, 2009, 2011 et 2015), trois titres européens (2006, 2010 et 2014) et deux titres olympiques (2008 et 2012). Depuis vingt ans, cette équipe a connu une extrême stabilité managériale avec seulement deux entraîneurs (Daniel Costantini et Claude Onesta) et un sens aigu de la transmission entre les joueurs, le noyau d'anciens servant de cadre aux nouveaux, dans un mouvement constant de renouvellement et de perpétuation. Cette équipe, qui a connu des visages différents, symbolisés par ses surnoms originaux (les Bronzés, les Barjots, les Costauds ou encore les Experts) est un exemple parfait du mix entre force et pérennité.

À l'opposé de cet exemple, le turnover des dirigeants dans les entreprises est un frein à la pérennisation, à la transmission, bref à la vivacité de la culture, sauf si l'entreprise a fait de la culture l'un de ses chevaux de bataille. En outre, le mode de recrutement des dirigeants est le plus souvent opéré en externe, *via* des chasseurs de têtes, dont l'implication culturelle n'est pas garantie et n'imposant généralement pas de rites d'initiation.

Certes, on pourrait s'interroger : en quoi la culture pourrait bien intéresser les actionnaires mercenaires que j'ai évoqués dans les premiers chapitres, pour qui l'entreprise ne correspond qu'à une ligne de profit ? Le manager attaché à la culture de l'entreprise mais qui n'atteint pas ses objectifs ne peut espérer tenir longtemps face à leur exigence de résultat. C'est oublier un peu vite, selon moi, un élément dont la culture est, sinon une composante, du moins un rempart ou une digue : la réputation. Aucune entreprise ne peut prétendre maîtriser sa réputation, surtout compte tenu de l'hyperconnexion traitée dans le chapitre précédent. Une culture forte représentera donc, y compris pour le plus mercenaire des actionnaires, le moins engagé, un outil indispensable pour fédérer les salariés et éviter qu'ils ne véhiculent une mauvaise image de l'entreprise, notamment sur les réseaux sociaux.

En quoi la prise en compte de l'importance de la culture va-t-elle modifier les pratiques actuelles des entreprises ? Eh bien, s'il ne faut prendre que cet exemple, je pense sincèrement que cela va influer fortement sur les process de recrutement, et sur le profil des recruteurs. Aujourd'hui, ces recruteurs ont le même profil qu'il y a trente ans et pour le dire simplement, ce sont généralement de jeunes salariés, qui ont entre 25 et 30 ans, qui sont formés pour juger en nombre des candidats à l'aune de leurs compétences, et pour qui l'adéquation culturelle entre l'individu et l'entreprise n'entre que peu en considération. Le recruteur de demain ne pourra pas se contenter d'être un limier de compétences mais devra assumer un rôle d'évaluateur qualitatif culturel.

Le rapport contractuel entre les salariés et l'entreprise intégrera demain une dimension émotionnelle et identitaire dont il faudra pouvoir détecter, dès le recrutement, le potentiel. Cette prise en compte de l'importance du recrutement, certains la pratiquent déjà, comme la nouvelle coqueluche des jeunes : Michel et Augustin. Comme le notent *Les Échos* dans leur édition du Net : « L'entreprise considère que le recrutement est la phase la plus "précieuse" d'une politique RH (…). Ce qui est en jeu, c'est l'adéquation "fit-culturel" entre le candidat et l'entreprise. Mais Michel et Augustin n'hésite pas à aller plus loin, en faisant rencontrer le candidat et les collaborateurs, pour permettre une cooptation collective des membres de la tribu[43]. »

Plus largement, si les entreprises ne veulent pas être les futures victimes de la confrontation culturelle avec leurs salariés ou leurs candidats, elles devront passer un pacte économique et social à l'image de celui qu'Antoine Riboud, alors PDG de BSN qui deviendra ensuite Danone,

---

43. http://business.lesechos.fr, 6 février 2015.

a formalisé en 1972 dans un discours où il basait son propos sur trois termes : « Avoir, c'est obtenir sa part des richesses que l'homme extirpe à la terre par la croissance. Être, c'est avoir une place et comprendre son rôle dans la pyramide de l'entreprise. Pouvoir, c'est pouvoir mettre sa propre créativité au service de son activité et pouvoir faire preuve d'initiative face à ses responsabilités[44]. »

Ce pacte ne pourra pas être uniquement une déclaration d'intention des organes de représentation, tant ceux-ci, patronat comme syndicats, sont devenus inaudibles ; mais bien par chaque entreprise. Et il ne sera crédible venant de leur part, je le répète, que s'il sort du domaine de l'affichage, au profit de l'incarnation. Le défi de la culture, c'est l'incarnation. Et qui dit incarnation dit honnêteté. C'est le mot clé pour les années à venir, si l'on veut en finir avec la spirale infernale qui veut que certaines entreprises affichent des valeurs extraordinaires en maintenant des despotes dans leurs rangs, hiatus mortel qui conduit au mal-être des équipes, au *burnout*, voire pire.

La culture d'entreprise est le miroir de l'éthique collective *et* individuelle au sein de la structure. Cela va se traduire par cinq défis essentiels :

- être exemplaire en interne comme en externe ;
- être fier de ses croyances et les revendiquer ;
- être sélectif pour trouver celles et ceux avec qui l'on souhaite parcourir le chemin ;
- être acteur du débat sociétal en tant que membre du corps social ;
- faire de la confiance le moteur de toute relation.

Ce qui est important, c'est d'être capable de cerner sa culture. Pour cela, il faut régulièrement la sonder. C'est un concept vivant, c'est tout sauf un dogme. Il faut donc bien connaître son visage, pour pouvoir saisir la

---

44. Discours d'Antoine Riboud aux assises du CNPF (ancêtre du Medef), Marseille, 25 octobre 1972.

force de son bonus émotionnel. C'est ce bonus émotionnel qui fait que l'entreprise X ne peut être confondue avec l'entreprise Y, que Microsoft n'est pas Apple, que Nike n'est pas Adidas.

Comment la sonder ? D'abord, en développant un modèle de management fondé sur l'écoute, non pas de façon calendaire comme c'est souvent le cas, mais de façon permanente. Ensuite, en suivant une approche globale, quanti (enquêtes internes ou externes) et quali (réunions, focus group), pour permettre aux collaborateurs de bénéficier de parenthèses culturelles lors desquelles ils peuvent exprimer librement leur rapport à la culture d'entreprise. On peut alors mesurer l'adéquation entre l'avoir et le vouloir.

Cerner sa culture exige ensuite d'être capable d'établir les plans d'actions internes et externes qui permettront de l'infléchir dans le sens voulu par la gouvernance. C'est enfin évaluer pour s'assurer de la pénétration de la culture de l'entreprise auprès de tous les publics souhaités. Cela signifie définir une grille culturelle et une notification qui permettent de dégager un coefficient culturel. Ce coefficient doit être le cap du top management et de la ligne managériale.

Hélas, aujourd'hui, peu d'entreprises ont mis en place de telles procédures. Beaucoup d'organisations pratiquent régulièrement des enquêtes quantitatives mais très peu d'enquêtes qualitatives. Il suffit de constater le peu de temps accordé à ces questions et pire, lorsque du temps est dégagé, le projet se transforme en mission, c'est-à-dire qu'il ne concerne que le responsable de mission. On a encore une approche de ces questions que l'on pourrait qualifier de verticale lorsqu'elle devrait être transversale, c'est-à-dire impliquant l'ensemble des acteurs et des liens qui les unissent.

La logique de remise en question est encore trop peu courante dans les entreprises, ce qui, dans un monde stable, ne constituait pas forcément un handicap majeur mais qui le devient dans un monde mouvant comme le nôtre. Ce manque de remise en question se heurte à l'une des données fondamentales de la culture d'entreprise : la créativité. Qui dit créativité dit surprise potentielle et les entreprises, souvent bureaucratiques, semblent détester la surprise. Elles privilégient plutôt les bréviaires sans risque que tout le monde peut reprendre confortablement en chœur. Pourtant, de la surprise et de la créativité naît l'émulation. Les relations entre les individus doivent être dynamiques et sincères.

Tout est généralement pensé pour faire de l'entreprise un animal à sang froid régi par le réflexe, suivant un schéma fixe. Pour faire un parallèle grossier avec la médecine, on ne voit dans l'entreprise qu'un corps dont les articulations sont de simples mécaniques. On privilégie l'approche réductionniste d'un Julien Offray de la Mettrie plutôt que le dualisme cartésien. Je pense qu'il faut au contraire, aujourd'hui, considérer que les entreprises ont sinon une âme, du moins une dimension spirituelle comme je l'ai déjà précisé. Cette dimension spirituelle doit s'incarner dans la relation entre l'entreprise et ses collaborateurs, pour que celle-ci ne soit pas qu'un échange marchand entre argent et force de travail, échange qui ne satisfait personne. L'hypothèse, avancée par beaucoup, de la fin programmée du salariat traditionnel va bien sûr dans ce sens.

Pour briser encore plus les tabous, je préconise que l'entreprise ose assumer la relation d'amour qui doit exister entre ses salariés et elle. Amour au sens platonicien d'*agapè*, c'est-à-dire un idéal de haute volée, à côté duquel toutes les prétendues valeurs sans cesse brandies par certains faussaires de la culture d'entreprise ne pèsent pas lourd.

Et comme en amour, pour entretenir la flamme, il est primordial de se poser régulièrement certaines questions.

1) *En quoi croyons-nous ?* Cette question de la croyance est malheureusement trop rarement abordée en comité exécutif. Elle délimite pourtant les contours de l'entreprise dans tous les secteurs.

2) *Quelle est notre utilité ?* L'entreprise est un lieu qui doit être utile. Chacun cherche à se réaliser et à être utile mais cela n'est possible que s'il existe une ambition fédératrice dans ce domaine. Quand Décathlon, par exemple, a souhaité démocratiser et populariser la pratique du sport pour le plus grand nombre, en devenant ainsi la méga-entreprise que l'on connaît, elle a réussi parce que dès l'origine, elle s'est focalisée sur une utopie de son fondateur, qui s'est transformée en rituel pour aboutir à un management « fraternel ». Pourtant, elle a été longtemps décriée, traitée de secte ou de loge maçonnique, mais la volonté d'être utile lui a permis de devenir une entreprise installée aux quatre coins du monde.

3) *En quoi voulons-nous être meilleurs ?* La culture a une raison d'être : progresser, progresser et progresser encore. Et progresser, cela veut dire être plus fort ; jeu dans lequel la culture a un rôle essentiel. Car elle dispose, il ne faut jamais l'oublier, d'une fonction protectrice. Elle représente le bouclier sanitaire de l'entreprise contre les dérives que peuvent lui imposer les événements ; elle est un bouclier de protection en cas de crise. Plus sa culture est forte, plus l'entreprise est en mesure de surmonter les crises.

4) *Quel est notre bonus émotionnel ?* Qu'est-ce qui fait que l'on fera plus « vibrer » qu'un autre ? Le mot « émotionnel » montre bien que la réponse à cette question ne peut être uniquement matérialiste. Georges Duhamel, écrivain et membre de l'Académie française, le formulait ainsi : « La culture est ce qui fait d'une journée de travail une journée de vie. » C'est tout le défi qui se pose aujourd'hui aux entreprises : donner du sens à la vie !

Petite rencontre

avec Laurent Choain,
Chief People & Communication Officer du Groupe Mazars

Que représente pour vous la culture d'entreprise ?

Un des grands concepts − mais aussi sans doute une « tarte à la crème » − qui ont accompagné ma vie professionnelle.

D'un strict point de vue critique, c'est un concept qui a été forgé/figé dans les années 1970, à un moment où l'entreprise se pensait comme l'affaire d'une vie. Le contrat tacite, c'était : tu comprends nos codes et tu les joues le plus fidèlement et alors l'organisation te permettra de lui appartenir et te protégera. Dans le mot « culture », il y a une idée très nette de croissance, d'éducation, de formation au sens de « formage ». Mais il y a également à l'origine cette idée un peu maffieuse, un peu clanique, un peu souverainiste aussi. Il y a surtout cette idée d'appartenance, avec ce qu'elle contient de maternant et de possessif. C'est pourquoi, là où beaucoup voient un stade avancé de développement de la vie sociale en entreprise, j'ai toujours vu plutôt une forme primaire, tribale et régressive qu'il faut être capable de dépasser, en particulier en distinguant la culture de la civilisation et des valeurs.

D'un point de vue plus dynamique, la culture d'entreprise est l'élément de liaison réel entre la marque « employeur » et la marque globale, qui ont commencé à converger et seront bientôt difficiles à distinguer. Mais nous allons détailler ce point.

En quoi la culture d'entreprise est-elle un élément discriminant ?

À l'origine de la maçonnerie, il y avait probablement ce besoin de reconnaître en un temps très court un bon artisan d'un imposteur ; d'où l'invention de codes ésotériques seulement partagés par les initiés. La culture d'entreprise, c'est ce moyen de discriminer trois populations : ceux qui en sont, ceux qui n'en seront jamais et ceux qui pourraient en être. Et tout le jeu consiste à maîtriser et valoriser la première population tout en élargissant le champ de la troisième, les « aspirants ». En d'autres termes, la culture d'entreprise c'est l'établissement d'un ordre, qui valorise ses dignitaires – au sens de ceux qui sont dignes d'en être – mais qui essaie aussi d'en multiplier les adorateurs externes. Donc par nature la culture d'entreprise est excluante, discriminante, même dans les cultures prônant l'ouverture (il suffit de repenser aux grandes heures du Club Med).

Mais les cultures d'entreprises les plus fortes sont aussi potentiellement incluantes, on doit avoir envie et il doit être possible de les rejoindre, voire d'en adopter les codes sans même les rejoindre réellement. Et c'est le point majeur de cette discussion à mon sens : les grandes cultures d'entreprises sont discriminantes parce qu'elles sont non conventionnelles (pendant un temps), deviennent des « cultures modèles » comme on parle de « *role models* ». La culture Google ou Apple a aujourd'hui largement dépassé le territoire réel de ces entreprises, et on fait du Google, comme autrefois on faisait du Danone ou du GE, bien ailleurs que chez Google. C'est en cela que la culture d'entreprise est un élément de compétition, voire d'hégémonie dans les sociétés modernes ; ce qui marque la différence entre un business qui marche et une entreprise reconnue.

Selon votre propre expérience, où situez-vous la culture d'entreprise dans le vivre ensemble en entreprise ?

C'est justement l'erreur de perspective. La culture d'entreprise n'a plus pour vocation le vivre ensemble. Déjà parce que l'entreprise n'est plus forcément le lieu du vivre ensemble : c'est une promesse souvent déçue dans la durée par les organisations, et les nouvelles formes de travail questionnent cette idée fusionnelle. Le vivre ensemble n'est pas dicté par des principes, des valeurs, des slogans ; c'est une esthétique de l'organisation qui lui échappe. Ce qui détermine le vivre ensemble, c'est justement la capacité de fonctionner librement, un peu en dehors des règles dictées pour que l'humain redevienne la mesure des choses, non l'impérieux service de l'organisation. Les programmes visant par exemple à améliorer la cohabitation des générations sont particulièrement factices, et pour beaucoup poussifs. Ceux qui permettent de faire une différence, comme par exemple le programme « Octave » proposé par Danone et L'Oréal, n'ont justement pas une visée intra-entreprise.

L'objet de la culture d'entreprise, c'est plutôt aujourd'hui l'attractivité puis la respectabilité, la notoriété, et finalement pour les plus influentes le prosélytisme. Bref, les cultures Google ou Apple ne sont que des avatars de la civilisation palo-altienne, dont nous voyons au premier coup d'œil les effets mondiaux. Ce n'est pas la réinvention de l'imprimerie par Gutenberg qui a changé le monde. C'est la Renaissance. Et les cultures les plus influentes et les plus durables ne sont pas celles qui se sont refermées sur elles-mêmes et ont cherché la prospérité paisible de leurs membres, ce sont celles qui ont eu pour principe de changer le monde.

Chapitre 7

Les défis de l'entreprise sur le plan humain

Envisager les dix années à venir sous l'angle de la culture d'entreprise, c'est tenter de répondre à cette question essentielle : comment rendre crédible le pacte social de l'entreprise ? Cette question est particulièrement prégnante en France où, on a pu l'évoquer dans les chapitres précédents, la désincarnation de l'entreprise a atteint des sommets. La vision populaire de l'entreprise s'est cristallisée sur des caricatures, et plus grande est la taille de l'entreprise, plus forte est la caricature.

Cette vision populaire, pour ne pas dire populiste, se focalise sur des anachronismes comme « l'affaire » de la prime de départ de Michel Combes, ex-PDG d'Alcatel-Lucent, d'un montant de 14 millions d'euros. Sans juger le fond de la question, on peut remarquer néanmoins que la montée en épingle autour de cette prime est l'arbre qui cache la forêt, confortant le public dans une vision qui n'est pas la réalité de l'immense majorité des entreprises. En outre, elle montre une grande méconnaissance du droit de la part des élites politiques et médiatiques qui se sont « émues » de cette prime. Ce contrat était tout ce qu'il y a de plus légal et lorsqu'on préfère une morale à la loi, on n'est plus tout à fait en démocratie. Bien qu'anecdotique, cette histoire n'en est pas moins emblématique de la perception de l'entreprise en France.

Mais cette perception n'est pas née de rien. Force est de constater que souvent, l'entreprise est devenue un concept vide sur le plan humain. Les entreprises capables de donner du sens à l'aventure humaine, à l'idée de destination commune vers laquelle on souhaite aller ensemble ne sont malheureusement pas légion. Il en résulte un rapport strictement économique : on travaille en entreprise uniquement pour obtenir son chèque ou son virement de fin de mois.

Le paradoxe, c'est que l'on est arrivé à cette situation alors même que l'on a fait de la surenchère marketing sur la question de la culture d'entreprise, en découpant la marque comme un saucisson : marque *corporate,* marque financière, marque employeur, marque éco-responsable… Les concepts se sont ajoutés aux concepts, avec notamment celui de la responsabilité sociale (ou sociétale) de l'entreprise. À la clé, un éparpillement de l'entreprise et parfois, de véritables crises identitaires. Le besoin est donc grand aujourd'hui de rassembler l'entreprise sur ses fondamentaux : ses croyances, son ou ses ambitions, son utilité réelle ; autant de points sur lesquels chacun doit être au clair, depuis la tête jusqu'à la base.

Générer du chiffre d'affaires, dégager des résultats, ce n'est pas l'utilité réelle de l'entreprise, ce n'est que sa finalité économique. L'utilité réelle, c'est ce que l'entreprise apporte concrètement à la société civile et aux êtres humains qui la composent.

S'interroger sur son utilité réelle, c'est éviter l'écueil majeur que l'on constate aujourd'hui, qui montre nombre d'entreprises foncer tête baissée vers les poncifs à la mode pour se présenter, en oubliant cette notion essentielle d'utilité. Le défi des entreprises revient à donner de la lisibilité à leur utilité profonde et à leurs croyances humaines. Une entreprise sans croyance humaine vécue, partagée, incarnée, qui habite la parole mais aussi les actes des dirigeants, est une entreprise sans personnalité, c'est-à-dire que l'on peut la confondre avec n'importe quelle autre entreprise. Cela signifie aussi qu'elle n'a aucun point d'appui pour attirer, fidéliser et accompagner les talents.

Cette carence s'observe y compris dans de très grands groupes souvent cités comme « employeurs préférés des jeunes » et le vent est en train de tourner. Ces groupes, leaders depuis une quinzaine voire une vingtaine d'années, sont à présent challengés par des groupes plus récents, mais disposant d'une culture plus forte, mieux affichée et revendiquée.

Comme nous l'avons exposé dans le chapitre précédent, l'entreprise va donc devoir assumer positivement le fait d'être un univers discriminant. C'est-à-dire un univers qui n'est pas fait pour tout le monde. Même s'il s'agit d'une entreprise située sur le secteur des produits de consommation courante, destinés à se retrouver dans chaque foyer, ses modalités de « vivre ensemble », proposées par son utilité universelle, ne vont pas forcément s'adresser à tout le monde. Quoi qu'il en soit, l'entreprise est, par nature, un lieu sélectif, exclusif et donc discriminant. Et je pense que les entreprises ont tout à gagner à revendiquer cette discrimination face à un monde totalement aseptisé, suivant l'adage qui dit qu'à vouloir plaire à tout le monde, on finit par ne plaire à personne.

Nous en arrivons au paradoxe qui veut que, sous prétexte de reconnaissance de la différence, on ne parle pas de discrimination, alors que reconnaître la différence, c'est être discriminant en soi. Parce que la discrimination n'est pas un rejet, elle est d'abord un choix mutuel. Choix de l'entreprise mais aussi choix du candidat ou du salarié. Or, ce n'est pas en étant comme tout le monde, en communiquant comme tout le monde, en présentant ses métiers comme tout le monde que l'on donne la possibilité de ce choix. La différence doit se situer dans ce que l'on partage, ce que l'on vit, ce que l'on expérimente ; c'est le fameux « bonus émotionnel ». La discrimination positive, non pas au sens légal mais au sens culturel, c'est la garantie d'offrir un véritable bonus émotionnel.

Tout un chacun, quel que soit son statut, est en quête d'émotion. Dans le marketing commercial, on parle d'« expérience client ». Dans le domaine professionnel, on peut également parler d'« expérience candidat » ou d'« expérience salarié ». Mais dans la réalité, on constate que rares sont les entreprises qui construisent une véritable expérience candidat. Au contraire, on a plutôt l'impression d'une sélection par l'usure, avec une succession de cinq, six, sept ou huit entretiens étalés sur trois ou quatre mois. Rares aussi sont celles qui s'attachent à l'expérience collaborateur, quand on voit les difficultés qu'ont les entreprises, depuis toujours, à animer leur management par des points réguliers avec leurs équipes, créant un monde entre promesse et réalité. Cet écart entre ce que vivent les gens et ce qu'on leur « vend » devient proprement insupportable. C'est ce qui conduit au rejet psychologique (stress, *burnout*) et physique (*turnover*). Et je prévois que ces rejets vont se radicaliser à l'avenir, en signe de protestation contre la tromperie culturelle.

Assumer sa posture discriminante sera le seul moyen pour l'entreprise de développer le leadership culturel qui, d'une certaine façon, va devenir sa raison d'être. Des exemples existent, comme celui du groupe Rocher (*cf.* chapitre 3), à la tête duquel se trouve Bris Rocher, le petit-fils du fondateur Yves Rocher. Sa raison d'être est restée la même, depuis les origines de la maison (1959) à nos jours : faire de chaque cliente une reine par le biais de la cosmétique végétale. Ce projet revendiqué est le phare qui permet à chacun d'être motivé et guidé. La culture est bien là un argument de posture. Il est primordial que tous les composants d'une entreprise soient éduqués à se positionner par rapport à cette posture.

Ce défi culturel est, et sera de plus en plus, un défi digital. Or, lorsqu'on fait tourner les robots de veille sur le web, on constate que la dimension culturelle est l'un des sujets les moins travaillés par les entreprises. Elles se vendent, certes, mais elles ne se partagent pas. La pauvreté des échanges culturels en la matière sur le web est affligeante. Et, la nature ayant horreur du vide, la « démocratie directe » des internautes s'engouffre dans cet espace pour tenter de comprendre la culture de telle ou telle entreprise, au risque de vite tomber dans des faux-semblants culturels, voire des jugements de valeur. Alors que l'on pourrait culturellement occuper cet espace de façon habitée, structurée et relayée par les salariés.

Le leadership culturel sera le « maillot » qui permettra de distinguer une entreprise de tous ses concurrents. Peu importe (jusqu'à une certaine mesure) qu'elle ait les meilleurs produits ou pas : elle sera unique et au nom de cette unicité, elle sera susceptible de drainer les talents.

Ces changements s'opèrent partout dans le monde, en raison de l'arrivée de la nouvelle génération Z et des nouveaux outils. Cela risque sans doute de s'avérer plus complexe en France qu'ailleurs, en raison de notre sphère politico-médiatique. C'est elle, desservie par les partenaires sociaux, qui n'aime pas l'entreprise, bien plus que la population. Dans un pays où 96 % des entreprises sont des PME/TPE, les Français aiment l'entreprise. J'en veux pour preuve l'étude Ipsos réalisée pour le quotidien *Le Monde* en 2014, qui fait apparaître que pour 89 % des personnes interrogées, l'entreprise évoque quelque chose de positif. Un sentiment qui dépasse les clivages partisans car les sympathisants PCF/FDG se déclarent favorables à l'entreprise à 75 %. Cette étude est intéressante lorsqu'il s'agit d'analyser les idées associées à l'entreprise : « esprit d'équipe » (49 %), « relations, liens et rencontres » (43 %) ou « croissance économique et création de richesse » (43 %) quand « course au profit » n'obtient que 24 % et « exploitation des salariés » 21 %[45]. Le taux d'attachement des salariés, toujours selon cette enquête, s'élève à 73 % quand le travail n'est vu comme une corvée que par 25 % des personnes interrogées.

---

45. Enquête Ipsos effectuée du 7 au 12 novembre 2014 sur un échantillon représentatif de 1 003 personnes selon la méthode des quotas.

Dans l'article publié par *Le Monde* du 25 novembre 2014 à l'occasion de ce sondage, Brice Teinturier, directeur général délégué d'Ipsos France, souligne que « les Français, dont on persiste à croire qu'ils n'aiment pas l'entreprise, ont une lecture qui ne correspond plus du tout à la grille dominants-dominés qui a pu prévaloir par le passé ». Mais les *a priori* du microcosme politico-médiatique sont encore vivaces et seront sans doute difficiles à faire évoluer tant est forte la coupure entre le pays et sa pseudo-élite. Cette évolution sera pourtant nécessaire pour transformer le carcan juridico-social dans lequel les entreprises sont encore engoncées et qui n'est plus du tout adapté à la réalité.

Certaines entreprises, elles, ont su changer ou au moins accompagner positivement ces changements qui s'imposent. LVMH vient ainsi d'engager Ian Rogers, ex-senior director d'iTunes comme directeur digital, faisant se rejoindre l'univers feutré du luxe de la Vieille Europe et celui de la Silicon Valley. Ces évolutions se font alors qu'il faut reconnaître que le train du changement est lancé à une vitesse que n'ont pas connue les générations précédentes.

Alors pourquoi la culture d'entreprise redevient-elle si prégnante au cœur de ce monde en tumulte ? Parce qu'elle se base sur le partage et que les transformations sociales mais aussi économiques et générationnelles auxquelles nous assistons sont elles aussi fondées sur le partage. L'enjeu d'aujourd'hui est clairement d'« être ce que je suis pour être reconnu comme je suis » et pour y parvenir, il faut désormais intégrer la générosité à se partager.

C'est particulièrement vrai, j'y reviens, pour les *success stories* que sont les ETI de 500, 600 ou 1 000 personnes, que j'ai évoquées dans le chapitre 3, et qui ont la discrétion extrême pour tradition. Cette tradition a plusieurs causes, notamment une certaine pudeur très française. Mais le succès doit se partager. Le succès n'est pas forcément un long fleuve tranquille, il peut connaître des hauts et des bas ; or c'est là qu'est la vraie vie, et la donner à partager sur les fondamentaux culturels, c'est clairement faire preuve de responsabilité. Il s'agit même d'une nouvelle forme de responsabilité, qu'on pourrait qualifier de « sociétale ». Dans un pays où le taux de chômage des jeunes de moins de 25 ans s'élève à 24,9 % en 2015[46], où 27 % des 18-24 ans se sont abstenus de voter lors des dernières élections présidentielles et où 18 % d'entre eux ont voté pour Marine Le Pen[47], il faut montrer qu'il y a une vraie et belle vie à mener dans le monde professionnel. Bien sûr, contrairement au message que tentent de véhiculer certaines plaquettes d'entreprises, cette vie n'est pas le monde des Bisounours. C'est un monde de compétition, donc de champions, quel que soit le métier que l'on fait. Et pour devenir un champion, il faut connaître les règles du jeu de l'entreprise, c'est-à-dire sa culture. On en revient toujours au même point.

C'est là qu'intervient le deuxième défi de l'entreprise sur le plan humain : l'enjeu de l'inclusion. Actuellement, il est assez effrayant de voir à quel point les modèles de recrutement sont standardisés, figés, dans une logique de « copier/coller ». Rares sont les recruteurs qui prennent de vrais risques humains. Les politiques de recrutement et de management sont principalement fondées, encore une fois, sur des critères presque exclusivement liés aux compétences. Or la compétence ne fait pas nécessairement le bon coéquipier. Pour prendre une métaphore sportive, et pour ceux qui ont pratiqué le football, il n'est pas rare d'avoir connu le « très bon joueur » qui jouait trop personnel, au risque de faire perdre le groupe. Ce qui prouve que la compétence doit toujours s'accompagner de qualités humaines. Recruter sans en tenir compte, c'est aller à l'opéra en se bouchant l'une des oreilles. Mais on ne peut attendre du recruteur qu'il prenne seul le risque d'intégrer cette donnée si l'entreprise

---

46. Source : OCDE.

47. Sondage Ipsos/Logica Business Consulting pour France Télévision, Radio France, *Le Monde* et *Le Point*, réalisé par Internet du 19 au 21 avril 2012 auprès d'un échantillon représentatif de 3 152 personnes (méthode des quotas).

ne l'a pas fait elle-même, de la même façon que les managers ne sont pas formés à l'inclusion de la différence. L'entreprise, dans sa posture discriminante, serait donc tout à fait inspirée de s'ouvrir sur le plan des profils humains qu'elle recherche. Il lui faut parvenir à trouver le juste équilibre entre compétences et profil humain car opter pour un déséquilibre trop grand entre ces deux composantes serait s'exposer à des déconvenues.

Les efforts consentis pour creuser cette question du profil humain restent faibles, et l'on continue à se fier à un ressenti qui demeure à la surface des choses. Certes, il est plus aisé d'analyser le parcours « technique » d'un candidat que de mettre à jour sa dimension émotionnelle, collaborative et humaine. Cela exige une vraie formation à l'entretien long des recruteurs, voire d'imaginer de nouveaux modes de recrutement. Ces nouvelles approches permettront l'inclusion de profils moins formatés que ceux recrutés habituellement et il y a fort à parier que l'entreprise en sortira grandie, enrichie. Sa propre créativité sera davantage nourrie, car de la différence naît une richesse créative. Surtout, elle assumera clairement le fait qu'être discriminant sur le plan culturel ne signifie pas être dans le rejet.

Mais encore faut-il être capable de faire fructifier les différences, par la connaissance mutuelle. Lorsqu'on réalise des tables rondes au sein d'entreprises, où l'on demande à chacun de se présenter en mettant en avant, par exemple, un hobby ou une passion, il est effarant de voir que les collègues découvrent généralement seulement à cette occasion leurs passions respectives. Bien que travaillant ensemble, les gens se connaissent très peu. Il ne s'agit pas ici de chercher à transformer des collègues en amis, mais la culture d'entreprise est là pour favoriser une rencontre humaine qui ne soit pas superficielle. L'inclusion doit permettre d'aller au-delà de cette superficialité. C'est pourquoi les entreprises doivent renforcer les services de *sourcing* et de recrutement, pour qu'embaucher ne soit pas une « acquisition » de compétences mais se transforme en une belle rencontre.

À ce titre, il y a beaucoup à apprendre des dirigeants autodidactes qui, par nature, n'ont généralement pas la culture exclusive du diplôme et se montrent globalement plus ouverts en matière de recrutement. Philippe Ginestet, fondateur du groupe GiFi et autodidacte assumé, le revendique clairement : « Chez GiFi, la motivation, l'envie et les compétences démontrées sur le terrain nous importent plus que les diplômes lorsque nous recrutons de nouveaux collaborateurs. Certes, pour certains métiers, une base technique est indispensable, la comptabilité, par exemple, mais au-delà de ces évidences, c'est aussi la personnalité d'un individu et sa motivation qui m'intéressent[48]. »

De leur côté, certains acteurs du digital comme les sites Meteojob ou Qapa ont importé dans le domaine du recrutement la technique du « *matching* », en exploitant les ressources informatiques pour faire correspondre les points importants d'un CV et les compétences demandées dans une offre, y compris pour mettre en relation des interlocuteurs qui s'imaginaient n'avoir rien en commun mais dont se dégageaient des proximités culturelles. À l'inverse, beaucoup de grands groupes qui se prétendent ouverts à la différence et à la curiosité en matière de recrutement n'inscrivent pourtant à leur agenda que les forums des grandes écoles, c'est-à-dire un moule quasi unique.

Le collaboratif est donc le trait d'union entre les deux forces qui poussent les entreprises au changement, à savoir les jeunes générations et le digital. L'entreprise classique, très structurée, va se heurter aux us et coutumes de la vie à l'extérieur, c'est-à-dire à un environnement collaboratif qui peut prendre plusieurs formes, telles que les forums ou les réseaux sociaux. Et cette notion de partage, de collaboration, va naturellement abattre les murs des organisations. Dans un monde

---

48. Extrait de l'entretien avec Philippe Ginestet publié dans *Les Échos* du 5 décembre 2014.

totalement ouvert, où le web a partout jeté des ponts, l'entreprise fondée sur des territoires réservés, clos et parfois sévèrement gardés ne pourra survivre face au rouleau compresseur collaboratif. Et ce sont les salariés eux-mêmes qui porteront cette impulsion. Mais loin d'être une force destructrice, cet environnement collaboratif est une formidable opportunité de partage culturel. Qui dit collaborer dit partager et qui dit partager dit bâtir ensemble. De formule un peu convenue pour plaquette d'entreprise, cette notion du « bâtir ensemble » va prendre sens par l'action des individus eux-mêmes. On commence d'ailleurs à assister à l'inversion pyramidale et l'on peut s'interroger sur la pérennité de l'entreprise hiérarchisée à la pointe lancée vers le haut. Globalement, on commence à prendre conscience que le collectif est le plus important. Le sens même de la hiérarchie est d'irriguer ce collectif pour qu'il soit le plus efficace possible.

Cela veut dire qu'il faut réhabiliter un véritable management humain. Cela ne signifie évidemment pas qu'aujourd'hui, le management serait « inhumain », mais qu'il faut prendre en compte l'humain dans les critères d'évaluation des managers, ce qui ne se fait pratiquement jamais, en particulier dans les grandes entreprises.

Le management humain est naturellement plus ouvert, porté sur le partage et l'écoute. Il joue le rôle de guide, de coach. Il est « aspirationnel » et équilibré. Tous points qui ne l'empêchent pas d'être un management destiné à obtenir des résultats.

Et c'est là qu'il y a une vraie révolution à opérer : le parcours managérial classique établi dans la plupart des grands groupes n'est pas un parcours en humanité. C'est uniquement un parcours en compétition, et dans le mauvais sens du terme. Que les leaders soient des compétiteurs est une évidence, mais le théâtre de cette compétition doit se situer à l'extérieur et exiger d'unir ses forces pour la gagner. Au lieu de cela, les systèmes hiérarchiques dans de (trop) nombreuses entreprises font que l'on consomme une énergie considérable et absurde à livrer des batailles internes, qu'elles soient politiques, budgétaires ou d'influence. Pour le dire autrement, on passe souvent son temps à se battre contre son propre camp. Par conséquent, on rencontre rarement des corpus managériaux alignés sur un modèle humain.

Pourquoi cet état de fait ? À cela plusieurs raisons. D'abord, les leaders n'ont pas été choisis pour leur humanité. Ensuite, la feuille de route qui leur est confiée n'est presque exclusivement que quantitative. Enfin, ces deux paramètres empêchent toute exemplarité qui pourrait irriguer l'entreprise. Or, je l'ai déjà dit, l'influence du leader sur ces sujets est essentielle. Cela veut dire *in fine* que, pour parvenir à un management plus humain, les actionnaires et les fonds de pension auront à repenser le profil du leadership. C'est à un nouveau paradigme qu'ils vont être confrontés, en cessant d'opposer performance et humanité. Dit comme cela, on peut penser qu'il s'agit plus d'un vœu pieux que d'une future réalité. Mais ce serait oublier les nouveaux enjeux liés à la réputation, portés eux aussi par les nouvelles pratiques et les nouveaux modes de communication. Une enquête de l'Ifop datant de décembre 2014 a en effet mis en lumière que 87 % des consommateurs peuvent décider d'annuler un achat lorsqu'ils sont informés de la mauvaise réputation de la marque[49].

Si votre marque est décriée, notamment de l'intérieur, votre réputation influera forcément sur vos performances et à cela, les actionnaires ne pourront être éternellement indifférents. Créer uniquement de la richesse en détruisant de la valeur, et notamment de la valeur de marque, est une posture qui ne devrait plus être tenable très longtemps.

La prise de conscience est d'ailleurs de plus en plus visible, même si l'on ne balayera pas d'un coup de baguette magique le comportement actuel

---

49. Sondage Ifop pour le cabinet Reputation VIP effectué en décembre 2014 sur un échantillon de 1 003 personnes représentatives selon la méthode des quotas.

des leaders, fruit de quarante années de mimétisme où les maîtres mots furent « pouvoir », « force » ou encore « signes extérieurs de reconnaissance ». Mais ce modèle génère aujourd'hui un puissant rejet qui contribuera bientôt à sa transformation profonde.

Le management humain est aussi un formidable défi, sous l'angle de la culture, pour le renouveau de la fonction RH. Cette fonction qui, on l'a dit, a perdu son autorité au profit du cliché de technicien juridico-social, a une carte à jouer formidable en devenant l'artisan majeur de la culture d'entreprise. La fonction RH, telle qu'on la vit aujourd'hui, et qui est aussi le fruit d'un long processus de plusieurs décennies, ne sera plus viable dans les années à venir.

Le DRH est un animateur culturel, il est le pilier de la performance managériale et donc économique de l'entreprise. Pour cela, il ne doit pas garder son savoir-faire comme un secret, un domaine réservé, mais au contraire le partager pour faire des managers de vrais RH à leur tour. L'action du DRH doit viser à ce que la dimension du leadership humain ne demeure pas de la littérature mais devienne un sentiment vraiment partagé. Cela implique qu'il bénéficie d'une nouvelle reconnaissance. J'appelle de mes vœux une place pour le ou la DRH qui l'autoriserait à gérer les droits et les devoirs culturels dans l'entreprise. C'est une fonction éthique par excellence. Aujourd'hui, elle n'est pas du tout reconnue comme telle, mais dans cet engagement vers le management humain, dans ce défi culturel, la conquête de l'éthique par la fonction RH sera l'une des plus belles conquêtes à venir.

Chapitre 8

Du pain sur la planche

Nous arrivons presque au terme de ce livre et je suis convaincu que nous sommes tous d'accord pour reconnaître l'importance de la culture d'entreprise, ce qui était d'ailleurs le postulat de ce projet. Nous avons ensemble voyagé du côté de la face cachée des entreprises, celle du parler vrai où les masques tombent. Je n'ai bien évidemment voulu faire le procès de personne, même si j'insiste fortement sur les dérives des grands groupes (les plus vertueux se reconnaîtront, bien sûr) assujettis aux marchés financiers et leur propension à disserter sur l'humain plus qu'à agir concrètement.

Est-ce la culture qui fait la marque/l'entreprise ou la marque/l'entreprise qui fait la culture ? Les deux, mon capitaine. Mais une chose est sûre : la culture est la source de crédit individuel et collectif, le curseur personnel de l'honnêteté, l'anti-bal des faux culs !

Les années 2016 à 2026 seront une fenêtre de tir historique pour donner corps à un nouveau « vivre ensemble » qui inévitablement surgit de partout ; la question est d'en être acteur et architecte. L'entreprise est prise d'assaut par des évolutions, des contraintes, des attentes exogènes ; elle n'est plus le seul maître de son destin, ni de sa réputation. Elle doit donner le change. *Mais pour cela elle doit être, devenir ou redevenir humainement intelligente !* La voix du cœur est surement la plus délicate à suivre mais l'optimisme de Matthieu Ricard nous prouve que ce n'est pas le chemin qui compte mais bien de s'engager sur le chemin. Alors à chacun sa vérité !

Dans ce chapitre, sept enjeux se dessinent pour toutes les entreprises, pour leurs comités de direction et en particulier pour les DRH ; certains ont déjà été abordés dans des passages précédents comme l'intégration des « mutants », mais tous sont traduits en chantiers opérationnels et concrets afin que l'ensemble, qui se rattache bien évidemment à la culture, ne soit pas lettre morte. Comme le précise le Taciturne : « Il n'est pas nécessaire d'espérer pour entreprendre, ni de réussir pour persévérer ! »

Ces sept enjeux sont autant de défis à aborder comme des plans adaptables à chaque environnement ; ce sont des leviers pour renforcer et développer une culture d'entreprise forte :

- réinventer la fonction RH et sa légitimité ;
- rendre légitime la vision d'entreprise ;
- l'arrivée des mutants ;
- l'organisation du travail : télétravail, *flex office*... (vers une diaspora salariale ?) ;
- la qualité de vie au travail ;
- la transformation numérique de l'entreprise ;
- devenir le garant de la culture et de la réputation de l'entreprise.

Action !

N° 1 – Réinventer la fonction RH et sa légitimité

Un sondage réalisé en ligne en mars 2014 par Onthemoon auprès de 806 personnes représentatives de la population active française corroborait la plupart des études sur l'image de la fonction RH.

- *Une image négative* : pour 84 % l'image est négative, jugée froide pour 87 %, administrative pour 83 %, manquant de proximité pour 85 % et synonyme de sanction (« être convoqué à la DRH, c'est mauvais signe… »).

- *Une fonction repliée sur son expertise* : la DRH est « dans son univers » pour 77 %, méconnaît les métiers pour 68 % et les personnes pour 72 % ; elle est l'interlocuteur des syndicats avant d'être celui des salariés pour 69 % ; elle adopte un langage de techniciens inadapté pour 81 % (« la DRH ne connaît pas mon métier » ; « ce sont des juristes qui parlent comme des juristes »).

- *Une dimension économique de l'humain* : pour 65 % la DRH ne fait qu'appliquer les consignes économiques ; l'humain n'est géré que sur le court terme économique pour 61 %.

- *Un manque d'anticipation* : l'entreprise anticipe peu les attentes des salariés pour 67 % et ne libère pas les énergies en raison d'un carcan juridique et administratif lourd pour 58 % ; la fonction RH est un frein à l'audace pour 71 %.

- *Une méconnaissance business* : pour 72 % des salariés la DRH n'est pas impliquée dans la stratégie business et ne fait qu'exécuter les consignes économiques, de recrutement, de formation et de licenciement ; elle fait preuve d'un manque de proximité terrain pour 66 % et d'un manque d'autorité général auprès des managers pour 53 % (« ils ne peuvent pas connaître mon métier, on les voit jamais » ; « ce sont des gens de bureau et pas de terrain »).

Juridique, administrative, disciplinaire (…), ces qualificatifs semblent avoir pris le pas sur les dimensions prospectives et business ; la fonction RH s'est repliée sur elle-même, asphyxiée par l'intensité juridico-sociale de son métier au détriment de la relation humaine.

Dans un contexte de quête de sens, et comme le montre le même sondage, les salariés attendent de la part de la DRH : de l'écoute pour

81 % ; de la disponibilité pour 77 % ; de l'influence auprès de la direction pour 75 % ; de la connaissance métier pour 59 % ; de l'accompagnement personnalisé dans le projet professionnel individuel pour 83 %. Les salariés semblent, sans le formuler clairement, attendre de la DRH une valeur ajoutée existentielle qui renoue l'intérêt individuel à l'intérêt collectif et qui donne du sens au vivre ensemble.

Toujours selon la même source, la DRH idéale serait : proche des équipes pour 88 % ; garante de l'éthique pour 83 % ; partenaire des projets professionnels pour 80 % ; porteuse de la culture pour 77 % ; garante de la qualité de vie pour 75 %.

Chantiers

Redonner du souffle à la fonction RH
en la positionnant au cœur de tous les changements

– Oser repenser les fondamentaux de la fonction en rééquilibrant les impératifs juridico-administratifs et l'engagement humain et culturel.

– Décloisonner les fonctions RH en les rendant accessibles.

– Vivre le terrain et développer une communication de proximité.

– Inventer une sémantique accessible.

– Faire rayonner l'entreprise en tant qu'employeur.

– Devenir un acteur clé de la transformation et de l'accompagnement du changement.

N° 2 – La rupture de sens, ou comment rendre légitime la vision d'entreprise

Toutes les études le soulignent depuis dix ans : si les salariés des grandes entreprises ont confiance en l'avenir, la moitié d'entre eux ne comprennent pas la stratégie de leur direction.

Les modèles matriciels et l'empilement des strates hiérarchiques sont autant de filtres à la lisibilité des enjeux au profit de poncifs « copiés-collés ». Sujets récurrents de l'insatisfaction des salariés, la quête de sens et la compréhension du sens de l'action – pourquoi agir, au nom de quels principes, quelle cause portons-nous… – sont en passe de devenir des critères prioritaires d'attractivité, d'engagement et de fidélisation !

Glassdoor, le site américain d'évaluation des entreprises par les salariés/candidats, qui a levé 70 millions de dollars en janvier pour s'implanter partout dans le monde, est formel : culture d'entreprise, choix stratégiques, qualité du management sont les critères discriminants chez les salariés. Avec 51 % des salariés qui songent à quitter leur entreprise[50], la cohérence entre discours et actes du quotidien est plus que jamais un enjeu de crédibilité pour les entreprises.

Les raisons d'incompréhension et les sources de dysfonctionnement sont clairement identifiées dans les grandes entreprises, en voici la liste.

▶ *Un top management dissocié de son middle management* : l'isolement des dirigeants s'exprime par un déficit de proximité et un manque de communication authentique ; la communication aseptisée a pris le pas sur la communication du cœur, créant une distance avec une élite caricaturée, jugée interchangeable par les salariés. La nostalgie de leaders charismatiques est très active chez toutes les générations, y compris les plus jeunes en quête de leaders exemplaires.

---

50. Source : Tissot, mai 2015.

▶ *Des organisations lourdes et cloisonnées qui s'opposent à la transversalité et à la fluidité du monde d'aujourd'hui.* Les expertises délimitent les territoires d'influence et de leadership managérial qui aboutissent à des échanges artificiels et à l'absence de coconstruction, au détriment d'une conscience transverse de la dimension employeur qui incombe à chaque manager. Les expertises, sous la pression du matriciel, ont dénaturé la dimension humaine du middle management, dépossédant de fait le statut de manager des dimensions humaines de patron opérationnel. Résultat, 72 % des managers déclarent manquer de temps pour manager et 69 % estiment que leur N+1 n'est pas un exemple. Les managers sont des salariés presque comme les autres en termes de reconnaissance, mais plus que les autres, ils réclament des droits et devoirs clairs et respectés.

▶ *La pression des évolutions exogènes à l'entreprise bouscule son climat social et ses certitudes.* Médias, réseaux sociaux, nouvelles générations synonymes de nouveaux comportements, « uberisation » des modèles (du nom de la société Uber)… L'hyperporosité entre mondes externes et internes rend fragiles les organisations et renforce la pression en terme de communication (certains CE sont en relais sur Twitter en *live* ou presque aujourd'hui). Depuis toujours, l'entreprise gérait son destin et la « docilité » de ses équipes ; aujourd'hui elle subit l'influence de ses parties prenantes internes et externes au nom d'un droit à l'information et à la transparence brandi abusivement comme un devoir démocratique alors même que l'entreprise ne peut se donner à vivre comme une démocratie.

▶ *La communication « blabla » cautionne et renforce la défiance* : 87 % des salariés ne font pas confiance à la communication des entreprises alors même que 84 % des Français estiment que l'entreprise a un rôle essentiel à jouer dans leur vie (Sofres, 2015). 78 % des salariés estiment que les DRH communiquent mal (Focus RH, 2014)… Sous les effets de mode et la prégnance de luttes d'influence classiques (« qui

fait quoi » non défini, chasse gardée, « guéguerres » interservices…),
les salariés font de la communication interne leur principale source
d'insatisfaction, estimant ne pas être suffisamment informés, impli-
qués, alors que souvent la liste des supports *online* et *offline* à leur
disposition est édifiante. La raison de ce désenchantement est autant
dans la forme que dans le fond à une époque où chaque individu
a acquis une maîtrise réelle dans sa vie des nouvelles formes de
communication et de confrontation d'idées. Pour 81 % des salariés
européens, la communication ne répond pas aux attentes en cher-
chant à édulcorer le quotidien (MYRH, 2015). Par ailleurs, avec près
de deux millions de jeunes exclus du système qui ne sont ni à l'école,
ni en formation, ni en poste (ministère du Travail, juin 2014), un
chômage record, un pouvoir d'achat en berne, une explosion du
stress et du *burnout* au travail… La mode serait au bonheur selon les
spécialistes, et de lire partout des engagements et des belles formules
sans même que les organisations ne bougent !

Chantiers

– Donner du sens à la gouvernance dans une posture de coach
conjoncturel et émotionnel *via* une grille de lecture sociologique des
stratégies, en faisant de l'ambition humaine des leaders, le postulat
du pacte social, à l'image du double contrat économique et social de
Danone ou encore de la posture sociale de Michelin qui en fait l'un
des piliers de sa pérennité. Exemple : animer des cycles de prospec-
tive « maison ».

– Faire du management le miroir de l'ambition humaine de la gouvernance et non plus un exécutant procédurier jonglant avec des
injonctions paradoxales – faire le chiffre et assurer le bonheur des
équipes… – en revisitant les modèles de management à l'aune
des objectifs de la stratégie et de la quête d'exemplarité humaine
recherchée. La DRH de demain sera un influenceur sociologique des

organisations qui tirera sa légitimité de sa parfaite connaissance du terrain, quels que soient les métiers. L'influence passe par la connaissance des vécus. Exemple : faire s'engager la gouvernance sur le type de managers (profil, qualités…) qu'elle souhaite à un horizon de dix ans.

– Rompre le principe de précaution inhérent à la fonction et assumer un rôle de transcripteur des us et coutumes et des tendances sociologiques/sociétales externes. Exemple : challenger les décisions stratégiques *via* des panels internes/externes offrant des visions « pas de côté ».

– Maîtriser toutes les techniques de communication *online* et *offline* et devenir un émetteur et un créateur de contenus *corporate*. Exemple : développer des réseaux sociaux transverses et/ou corporatistes, avoir recours à des outils de veille qualitative.

N° 3 – L'arrivée des mutants

Les quinze dernières années ont été marquées par une littérature abondante sur la génération Y, insufflant des postures « générationnelles » qui ont fini par caricaturer une génération extrêmement diversifiée : quels points communs entre un jeune de 35 ans (le début de la génération) et un jeune de 20 ans (la fin de la génération) ? Aucun. L'accélération des évolutions et des comportements, à commencer par les comportements digitaux, est telle que des cycles de cinq ans créent des ruptures édifiantes : entre les deux extrêmes de la génération Y, on passe de la pratique 1/2.0 à la culture des applis et l'univers du 3.0…

Les jeunes entrés dans le monde du travail dans les années 1993 à 1996 ont été, côté travail, la première génération « Kleenex » sacrifiée, confrontée au chômage de masse et aux difficultés d'insertion ; et côté vie privée, à la dure réalité du sida. Cette catégorie se retrouve manager aujourd'hui et correspond aux 70 % de managers trentenaires qui déclarent selon Ipsos (2014) ne pas adhérer aux valeurs de leur entreprise. Les Y ont fait émerger l'individualisme dans l'entreprise en écho à la radicalisation des organisations, tout en développant un très fort esprit communautaire – la fameuse notion de tribu. En accompagnant la transition d'un usage consommateur à un usage contributeur du web, elle a fait émerger la gestion de contenus tant professionnels que personnels. Le *personal branding* et la gestion de sa popularité digitale est née avec cette génération Y. La maîtrise des nouvelles technologies lui a donné une légitimité mais aussi une force face à des managers qui à ses yeux « ont toujours un train de retard »…

Face à des X quelque peu tétanisés par les changements, les Y incarnent la génération « entre deux mondes » et ont amorcé la fusion vie privée/ vie professionnelle qui caractérisera les Z. Les jeunes renouent par ailleurs fortement avec la valeur « travail » comme le démontre l'étude Ipsos réalisée auprès des 18-34 ans en octobre 2015 : 86 % des jeunes sont persuadés qu'être épanoui professionnellement permet d'être heureux dans sa vie privée, et 75 % considèrent que leur travail est une source d'épanouissement personnel. La plupart ont le sentiment que lorsqu'ils sont au travail, ils se sentent exister (67 %). *La valeur « travail » est plébiscitée en tant que principal facteur de réussite professionnelle.* Ils sont la génération réseau, mais selon eux, il faut d'abord travailler pour réussir (59 %). Le réseau arrive loin derrière comme facteur de réussite professionnelle (43 %). Surtout, ils considèrent que pour réussir, il faut savoir rester soi-même (33 %) et apporter des idées nouvelles qui se démarquent (26 %). La chance (25 %), les diplômes (23 %), le milieu social dont on est issu (15 %) ou le sacrifice de sa vie privée (12 %) n'arrivent que loin derrière dans les facteurs de réussite… *D'où un investissement fort dans leur travail.* La quasi-totalité des jeunes affirme aujourd'hui qu'ils donnent le meilleur d'eux-mêmes (92 %) dans leur travail car la réussite professionnelle est un objectif essentiel pour eux (81 %). Près d'un jeune sur deux dit désormais faire passer sa vie professionnelle avant sa vie familiale ou personnelle (45 %). À l'opposé, « seulement » 31 % disent qu'au travail, ils n'en font pas plus que ce qu'on leur demande parce qu'ils ne voient pas de raison sérieuse d'en faire plus.

Pour eux, selon le dernier baromètre Randstad, le Top 5 des facteurs de réussite sont les compétences (79 %), l'effort personnel (72 %), les relations (63 %), le diplôme (45 %), la chance (30 %) et le plus important dans le travail : l'ambiance (89 %), l'équilibre de sa vie tout en acceptant les va-et-vient entre personnel et professionnel (74 %) et faire quelque chose d'intéressant (74 %). 61 % ont une image positive des syndicats mais seulement 8 % pourraient s'engager…

Les « Z », alias les « mutants »

Le terme de « mutants » a été pour la première fois utilisé en 2012 dans l'ouvrage *Le Prix de la confiance*[51] et est depuis devenu un qualificatif généralisé partout dans le monde pour insister sur la rupture de cette génération par rapport aux précédentes. Née après 1994, elle représente en France 15 millions de personnes et se trouve aux portes de l'emploi aujourd'hui.

La mutation s'est bien sûr déclenchée par l'usage des réseaux sociaux, entraînant une connexion 24 h/24, mais surtout par une capacité étonnante à être dans plusieurs espace-temps différents ainsi qu'une posture envers autrui faite de générosité et d'exigence qui confère à ces jeunes une posture très sélective dans leurs relations.

---

51. Didier Pitelet, *Le Prix de la confiance : une révolution humaine au cœur de l'entreprise*, Eyrolles, 2012.

Les mots pratiqués par leurs aînés qu'ils ne comprennent pas

La carrière : pour ces jeunes qui vivent l'instant présent, la projection professionnelle à long terme n'est pas envisageable et encore moins dans une seule entreprise ; ambassadeurs de la culture Yolo (*you only live once* ; « on ne vit qu'une fois »), ils ne croient pas à la capacité d'une entreprise à offrir une carrière ; ils attendent avant tout d'être motivés par des projets pour une durée déterminée au terme de laquelle, s'il n'y a pas de renouvellement de projet, ils partiront. La durée de fidélisation ne dépasse guère 18 à 24 mois sans nouveau projet.

La crise : ils ne vivent pas la crise comme leurs aînés qui l'ont subie, ils sont nés avec, ce qui a développé chez eux un sens de l'adaptation impressionnant. Face à la précarité, ils ont inventé les *slashers* (plusieurs vies en une) ; face aux difficultés immobilières, ils ont fait de la colocation un mode de vie naturel au nom de l'espace de vie.

Le digital : là où la plupart des entreprises sont encore dans l'apprentissage d'une culture digitale, pour eux, cette notion, comme le web, n'existe pas en tant que spécificité ; c'est un élément vital tout simplement. Interdire l'usage des réseaux sociaux sur le lieu de travail à cette génération relèverait de l'amputation pure et simple…

La hiérarchie : le patron ne tire plus son autorité de son statut mais de son exemplarité et de sa capacité à entraîner. Les valeurs humaines, l'accessibilité, la proximité et la volonté de « faire grandir » son équipe sont des éléments clés de considération. Son exemplarité est challengée par sa capacité à faire ce qu'il dit et dire ce qu'il fait ! L'honnêteté est l'une des priorités de cette génération.

Le management : aujourd'hui, peu de jeunes souhaitent prendre les responsabilités de management qui représentaient hier une quête et une évolution légitime ; ils estiment les contraintes trop importantes par rapport aux bénéfices financiers et autres avantages. Ils préfèrent une évolution horizontale plutôt que verticale et changer d'univers plutôt que de rester dans une ligne métier. L'ouverture et l'expérience l'emportent sur le chemin tout tracé de la filière hiérarchique.

Équilibre vie personnelle/vie professionnelle : hier symbole d'équilibre, voire d'opposition, ce concept évolue clairement vers une fusion sans distinction (« j'emmène ma vie sur le lieu de travail *via* mon smartphone, et de la même manière mon travail à la maison »). Plutôt que de cloisonner, les technologies nomades sont pour ces *digital natives* des ponts entre leurs différentes vies qu'ils font cohabiter en harmonie.

Transparence : pour nombre de managers ou de dirigeants, la transparence fait peur et s'assimile souvent à un enjeu de pouvoir ; pour les « Z », elle est le postulat de toute relation : salaire, ambiance, évolution, management…, tout savoir sur tout se pose en évidence !

Le temps : passé et futur, deux notions relatives pour cette génération ancrée dans l'instant. Vivre intensément le présent sans se nourrir de fausses promesses, tel est leur leitmotiv.

De toute l'histoire de l'humanité, les « Z » sont la première génération à rompre la chaîne de transmission traditionnelle (les parents apprennent aux enfants) en créant un monde possédant sa propre écriture, son langage, ses canaux de communication hermétiques aux aînés. Loin d'être un simple phénomène de génération, on assiste en parallèle à l'uniformisation de cette génération qui, aux quatre coins du monde, consomme de la même manière, une créativité inédite qui l'amène à créer sans tenir compte des existants.

Se placer en opposition de principe est un combat perdu d'avance, alors même que face à cette nouvelle créativité, tout l'art du management sera d'en tirer profit en équilibrant le sentiment d'autonomie, d'indépendance et une souplesse de contrôle naturelle.

Une génération en quête d'existence et de reconnaissance

La société de consommation a inventé les enfants roi avec la génération Y, le digital a surenchéri en créant les « enfants rois/stars », nourris à la téléréalité et à tous les excès d'Internet. Leur cote de popularité digitale (le score Klout, indice de mesure de sa popularité *online*) et leurs référents en terme de réussite (startups, sportifs…) font qu'à la question « que voulez-vous faire plus tard ? », ils répondent : 1) créer ma boîte ; 2) rejoindre une PME ; 3) rejoindre un grand groupe, si possible non coté ; et 4) rejoindre la fonction publique (congrès HR, 2015). Seront-ils une génération d'entrepreneurs ? L'avenir le dira, mais de toute évidence, ils ne s'annoncent pas comme des salariés dociles et faciles à manager.

L'entreprise telle qu'ils l'imaginent n'est pas un lieu d'épanouissement ; selon l'étude « La Grande InvaZion » menée par The Boson Project et BNP-Paribas, ils la jugent « dure, compliquée, impitoyable et fermée ». Pour les Z, l'entreprise « classique » est un lieu qui ne fait pas confiance aux jeunes en France et 75 % des jeunes diplômés déclarent vouloir quitter la France pour cette raison (« je préfère finir barman à Panama plutôt que de bosser dans une grande entreprise »).

Avant même d'être dans la vie active, ils s'inventent des droits en sous-estimant leurs devoirs :

- le droit de savoir et de comprendre ;
- le droit d'interpeller ;
- le droit de communiquer avec la direction ;
- le droit à l'erreur ;
- le droit à la formation ;
- le droit au plaisir ;
- le droit à l'affect.

Le modèle de l'entreprise cloisonnée, hyper hiérarchique, schizophrène et source de tensions et de stress, avec un management inaccessible, est d'emblée condamné. La génération Z ira vers des entreprises où elle se reconnaîtra et n'est pas prête à subir le chantage à l'emploi. Si le management par l'affect a été condamné ces dernières décennies, les Z veulent être « aimés » !

FINIE LA RECHERCHE D'EMPLOI AVEC CV ET ENTRETIENS CLASSIQUES ?

Cette génération qui n'envoie aucun mail ne sait pas (même si elle l'apprendra à l'école) ce qu'est un CV : son CV, c'est son profil Facebook ou LinkedIn… Par ailleurs, la réputation de l'entreprise, challengée par les témoignages sur les réseaux sociaux, est un élément clé de son choix d'un employeur. Les « Z », à l'instar des plus jeunes « Y », entreront en contact direct avec les salariés de leurs futurs employeurs, étudieront le profil des recruteurs, challengeront les contenus publiés… Le seul site RH ne suffira plus pour répondre aux enjeux de transparence : entretiens en *live*, CV vidéo, réseau social d'entreprise ouvert (interne/externe), jeux et partage en ligne. L'animation « intelligente » des réseaux sociaux professionnels par de vrais *community managers* seniors, possédant un vécu dans l'entreprise, sera demain une priorité et un postulat à toute rencontre. De même, les éternelles relations *top-down* se devront d'évoluer au profit de plus d'interactivité et de participatif.

La communication adaptée aux Z est clairement le miroir de l'ambiance, des relations entre collègues et de la capacité de l'entreprise à placer ses salariés dans la posture de se sentir utiles ! Cette génération est en quête de liens dans tous les domaines de sa vie (ses vies), contrairement à l'individualisme des Y : s'engager dans un job, c'est aussi s'engager en tant que personne dans un collectif. Ils veulent cultiver et renforcer leur goût spontané pour la tribu, le liant. L'entreprise est un lien *corporate* qui, de surcroît, se vivra de plus en plus par mobiles interposés.

De plus, la recherche sémantique et le *Big Data* vont renforcer la rencontre, non plus avec des « compétences », mais avec des personnalités.

Chantiers

Sémantique et comportements, casser la langue de bois employeur

— Sortir du langage *corporate* au profit d'un langage de vérité, fondé sur une logique de preuves à partir de mots simples et forts à la fois.

— Revisiter le sens de mots « traditionnels » pour attirer les « Z » mais aussi rééduquer les « X » et les « Y ».

— Faire de l'intégration le passage initiatique et culturel entre tous les états (personnel/professionnel) et les générations.

— Valoriser la coconstruction et le partage.

Faire évoluer mentalités et habitudes managériales au profit d'un nouveau savoir manager

— Réinventer les modèles de management (statut, évaluation, *reporting*...), de communication (*top-down*/horizontale) et d'organisation en faisant de l'inclusion transverse une priorité.

— Aider les managers « X » et « Y » à comprendre les ressorts des « Z » pour éviter l'erreur de croire qu'ils sont simplement plus jeunes et en les aidant à valoriser l'esprit entrepreneur de ces derniers ; passer d'une posture dominant/dominé à une relation de coconstruction et de partenaire.

— Objectiver les règles de vie par des droits et devoirs assumés par tous.

Sourcing et communication : de la sélection des compétences
à l'art de la rencontre

– Inventer une nouvelle communication de recrutement mixant les enjeux de réputation, de rencontre physique et digitale mais aussi et surtout en créant une stratégie de contenus renouvelée et entretenue.

– Passer de la culture de recrutement à la logique de rencontres au sens de l'acculturation mutuelle entre le candidat et l'entreprise.

– Valoriser l'exclusivité individuelle plutôt que les poncifs globaux de génération.

– Faire de l'image (notamment vidéo) un langage.

– Assumer et revendiquer une discrimination culturelle en privilégiant la sélectivité naturelle de sa marque employeur.

– Être un émetteur *corporate* à part entière garant de la réputation employeur de l'entreprise.

– Mesurer sa e-réputation employeur.

N° 4 – ORGANISATION DU TRAVAIL : TÉLÉTRAVAIL, *FLEX OFFICE*… VERS UNE DIASPORA SALARIALE ?

Bien que concentré encore massivement en région parisienne (baromètre Inférence de mai 2015), le télétravail accompagne la transition numérique en même temps qu'il répond fortement à des enjeux d'immobilier d'entreprise et de rentabilité du mètre carré professionnel.

Aujourd'hui, selon une enquête de WK-RH, un tiers des salariés français des grandes agglomérations travaillent plus ou moins à distance, et 60 % des entreprises du CAC 40 l'expérimentent ou ont signé un accord (Greenworking). Toutefois, seuls 5 % des DRH français envisagent de mettre en place un accord sur le sujet d'ici deux ans, tout en y voyant un levier de performance et en y étant favorables (69 %). Mais les 63 % qui ont mis en place le télétravail reconnaissent que ce sont les salariés qui en sont à l'origine.

PHÉNOMÈNE DURABLE OU CONJONCTUREL ?

En écho à la précarité du marché du travail, le télétravail bénéficierait-il d'un engouement durable ou seulement passager ? Selon OpinionWay, qui a réalisé une étude auprès de 892 salariés et de 350 DRH en mars 2015, 84 % des salariés seraient prêts à disposer d'un poste de travail plus restreint ; 74 % accepteraient de ne plus avoir de poste attribué, en contrepartie d'une plus grande mobilité ; 85 % des salariés et 66 % des DRH pensent que le télétravail est une opportunité pour faire évoluer l'organisation du travail…

Derrière ces chiffres se cachent des enjeux nouveaux en termes de management, de confiance et de culture. Le management physique et « présentiel » traditionnel se voit enlever ses attributs de contrôle au profit d'une plus grande liberté d'action du salarié. La notion même de contrôle et de *reporting* en est transformée.

Dans les grandes agglomérations où les difficultés de recrutement sont importantes et les temps de transport pénalisants, le télétravail est une réponse qui se développe. En revanche, se pose la question majeure du lien physique avec l'entreprise et les collègues. Être chez soi ou ailleurs, est-ce toujours être présent dans l'entreprise ? Le télétravail va-t-il inventer un salariat à plusieurs vitesses ? Le nomadisme digital, tout en abrogeant la distinction entre espace privé et personnel, ne risque-t-il pas d'édulcorer le lien social de l'entreprise ? Ou bien peut-on dire qu'à nouvelle forme de travail, nouveaux liens ? Même si le recul manque sur le sujet, le Congrès HR a apporté un éclairage intéressant en s'appuyant sur un sondage réalisé en mars 2015 auprès de 1 020 actifs :

- le télétravail est une forme de travail moderne pour 80 % des sondés mais n'est pas adapté à des missions stratégiques pour 78 % ;

- le télétravail est une réponse aux questions sociétales liées aux transports, à la structure familiale éclatée ou monoparentale pour 66 % ;

- le télétravail est avant tout une source d'économie pour l'entreprise pour 77 % ;

- 79 % pensent que le télétravail isole et qu'il est difficile de bâtir des liens avec ses collègues ;

- pour 85 % des salariés, le télétravail à temps plein éloigne de l'entreprise.

En écho aux attentes légitimes de certains salariés liées à la qualité de vie et avec 79 % d'opinions positives (enquête 2015 d'Inférences sur le télétravail), le télétravail devrait fortement se développer et engendrer un nouveau statut pour le télétravailleur.

Le *flex office* sonne par ailleurs le glas du « territoire de vie personnalisé » de chaque salarié dans l'entreprise. L'impact psychologique en termes d'identification, de projection et de reconnaissance est important au moment où l'on demande de l'implication et de l'engagement sous la pression digitale. Le cocon naturel fait place à la neutralité de l'action. L'anonymat du *flex office* ne doit pas être subi mais dimensionné dans un nouveau vivre ensemble, non plus fondé sur une somme de territoires individualisés, mais orchestré autour de lieux partagés (salle de réunion, espaces de concentration et de créativité, de convivialité…).

En ce sens, le véritable enjeu soulevé par le *flex office* et le télétravail est celui de la définition même de l'entreprise en tant que lieu de partage et de construction collective. En s'attaquant à des symboles physiques, ces deux sujets renvoient à l'identification même de l'individu, à son travail et à son entreprise. Distance + anonymat = *quid* de la fierté d'être et de la fierté d'appartenance ? *Quid* de l'attachement de l'individu au groupe et de sa projection dans la tribu ? Même si les deux s'entendent, tant du côté des salariés que de l'entreprise, leur mise en œuvre peut avoir des impacts extrêmement négatifs sur la mobilisation, l'engagement et l'adhésion des salariés. Le véritable enjeu pour les RH est de bâtir de nouveaux codes sociaux pour manager et animer des équipes qui se croisent…

Pour nombre de spécialistes, le *flex office* est l'étape nécessaire avant le « tiers lieu » ; à ce jour, le télétravail est quasi exclusivement pratiqué à domicile, les entreprises n'ayant pas les moyens d'investir dans des lieux externalisés.

Chantiers

– Le télétravailleur, un salarié comme les autres ? Ou comment accompagner le nomadisme professionnel sous toutes ses formes en anticipant les enjeux culturels, managériaux, économiques et juridiques (assurance, prise en charge des frais, sécurité, statut…).

– Entreprise étendue ou unifiée ? Face à l'éclatement et à la dissolution des espaces de vie professionnels, la question du liant, des rites de vie, du sens du partage imposera de concevoir de nouvelles règles de vie intra- et extra-entreprise. Physique, l'entreprise devra se penser en écosystème polymorphe, véritable concept étendu du vivre ensemble.

– L'espace interchangeable et *open* face à l'importance et à la reconnaissance de l'individu.

– Culture collective et diaspora individualiste : sur quoi bâtir l'identité sociale de l'entreprise face au risque d'une productivité désincarnée ?

– Management de l'espace et des individus : comment dépasser les frontières physiques au profit d'une communication repensée et connectée *via* en priorité le développement de réseaux sociaux totalement libres, d'entreprises avec de vrais espaces personnalisés en remplacement des expressions physiques de la personnalisation du bureau ?

N° 5 – LA QUALITÉ DE VIE AU TRAVAIL

La qualité de vie au travail figure dans le Top 5 des missions RH d'ici 2020, à en croire la troisième étude ANDRH/Inertie parue en mai 2015, et préoccupe 80 % des salariés (85 % chez les managers, 87 % pour les cadres supérieurs et 92 % chez les dirigeants) selon le dernier baromètre dédié au sujet du cabinet Deloitte. Au moment où la notion de stress atteint des sommets (7/10 dans le même baromètre) et les risques de précarité inquiètent tout le monde, l'entreprise se pose en *alpha* et *omega* du bien vivre.

La situation actuelle génère son lot de cynisme et de compromis, et nuit fortement à l'image même de la fonction RH, complice et artisan de fait de cette situation pour 75 % des sondés. Les salariés font porter à la DRH une part de la responsabilité des tensions actuelles et de l'absence de qualité de vie réelle (4,8/10). Bouc-émissaire ou covictime ?

Près de 60 % des salariés disent souffrir d'un déséquilibre entre vie personnelle et professionnelle, entretenu par la digitalisation de la relation employeur/employé et la médiocrité de leur relation avec leur hiérarchie pour plus de 50 %.

Un accord national interprofessionnel conclu le 19 juin 2013 (ANI) propose cette définition conventionnelle de la qualité de vie au travail : « Un sentiment de bien-être perçu collectivement et individuellement qui englobe l'ambiance, la culture d'entreprise, l'intérêt du travail, les conditions de travail, le sentiment d'implication, le degré d'autonomie et de responsabilisation, l'égalité, un droit à l'erreur accordé à chacun, une reconnaissance et une valorisation du travail effectué. » Une liste à la Prévert en écho aux injonctions paradoxales de l'hyperproductivité et de la réalité humaine des organisations.

À croire la littérature fournie sur le sujet de la qualité de vie au travail, le mal-être est général, alors même qu'il existe des milliers d'entreprises où les salariés aiment leur travail, s'y sentent heureux et respectés. Le poids médiatique faisant la part belle aux trains qui arrivent en retard, l'effet amplificateur des grands groupes masque une réalité plus heureuse, en particulier dans les ETI familiales.

Le vrai mal-être au travail, tout le monde le sait, est du domaine de la considération, de la reconnaissance et du sens au travail. Jamais les cadres comme les non-cadres ne se sont sentis si peu considérés, si peu aimés dans leur entreprise. Cessons la tartufferie des Google et autres entreprises qui sont des clichés à l'américaine et voudraient nous faire croire que parce qu'il y a un babyfoot et une salle de sport, les employés sont heureux au boulot ! Le vrai défi du bien-être est bien celui d'une union sacrée, qui est capable ou non de créer une équipe dirigeante !

La crise sociale actuelle résulte de l'échec des trente dernières années d'inconsistance managériale et du cynisme financier qui ont foulé aux pieds les fondamentaux de la culture d'entreprise, de la solidarité et du « faire ensemble », aboutissant au sacre du « chacun pour soi », à commencer par les dirigeants eux-mêmes, qui pour beaucoup sont de véritables mercenaires des marchés financiers !

Avant de brandir les slogans à la mode, agissons sur l'origine du mal qui ronge la plupart des entreprises : le syndrome du « toujours plus ». Toujours plus de résultats, y compris en pleine crise économique, ce qui est synonyme de licenciements ; toujours plus de vitesse au détriment de la réflexion et du temps humain ; toujours plus de matriciel pour déresponsabiliser au maximum… Trois salariés sur quatre estiment que la qualité de vie s'est dégradée ces dernières années (Deloitte, avril 2015). La banque étant le secteur où elle se serait le plus dégradé pour 83 % des salariés, juste derrière le luxe, la grande consommation (86 %) et l'immobilier (87 %) mais devant la grande distribution (77 %).

La fonction RH ne doit pas devenir le camelot du rêve d'entreprise ; elle partage avec la direction générale un devoir moral, un devoir de transparence et d'éthique. Son rôle est de créer les conditions optimales de la performance et non de se soumettre aux seules injonctions économiques. Ses leviers et ses outils pour bâtir sont la motivation, l'adhésion et l'enthousiasme. Les êtres humains qu'elle est censée connaître ne feront aucun chèque en blanc aux beaux discours et aux belles promesses. Le bien-être au travail commence par en avoir un ! Le bonheur au travail commence quand on est considéré comme « être humain » par sa hiérarchie !

Au moment où se joue une révolution sociologique inédite *via* le numérique, où une nouvelle espèce d'êtres humains – les « mutants » de la génération Z – va arriver sur le marché d'ici quatre à cinq ans, l'entreprise traditionnelle est en péril et mise en demeure de se réinventer : plus transversale, plus collaborative, plus généreuse aussi. Il revient aux DRH d'être en première ligne pour réinventer l'entreprise en aventure humaine !

Des modèles existent ; ils ne font pas la une des journaux et sont rarement assujettis au dogme de l'hyperfinance : ce sont ces milliers d'entreprises et de groupes familiaux pour lesquels un salarié est avant tout un partenaire envers qui l'on a de la considération ; ces entreprises, dont la raison d'être est la transmission, inscrivent naturellement l'action dans la durée. La seule mode qu'elles revendiquent comme intangible est la protection de leur culture comme différence inimitable et un pacte de confiance entre salarié et employeur. Il est intéressant d'observer leur comportement par temps de crise économique : ce sont rarement les premières à choisir d'emblée de licencier pour alléger les charges, elles préfèrent piocher dans les réserves et le « cash » accumulés pour les coups durs !

Même si aucun modèle n'est parfait en soi, celles et ceux qui sont tentés par les slogans du bien-être au travail seraient bien inspirés de *benchmarker* ces entreprises où il est fréquent de croiser des salariés qui revendiquent le droit à la fidélité, et qui sont heureux pour de vrai !

Même si, à l'instar de Christine Jutard chez Kiabi, certains DRH se nomment les « directeurs du bonheur », 8 % seulement des salariés associent spontanément qualité de vie au travail et bonheur ! Ce sont plutôt les notions d'ambiance, de reconnaissance, de respect et d'esprit d'équipe qui les préoccupent… Autant d'items généralement assimilés aux PME !

La taille et la complexité des organisations des grands groupes et leur lot de process sont à l'origine des risques psychosociaux ; s'inspirer du pragmatisme des PME, à l'instar du concept d'entreprise libérée développé dans l'ouvrage *Liberté & Cie* d'Isaac Getz[52], imposera aux DRH un devoir d'ingérence culturel dans les modèles de management au profit d'un équilibre cerveau droit/cerveau gauche.

Développer le leadership à tous les niveaux de l'entreprise est une clé majeure de conquête du bien-être en entreprise. Réenchanter le management est la priorité majeure de la qualité de vie au travail, loin, très loin devant les actes et les symboles matériels. Après des années de restructuration qui ont généré un repli sur soi historique en raison d'organisations illisibles et kafkaïennes, le management de l'éthique est un levier essentiel de la qualité de vie au travail. Le manque de considération et de reconnaissance est le terreau du mal-être et la gangrène de la motivation.

Même si les outils de mobilité et la pression du temps sont pointés du doigt, la qualité du management est la cause première de stress en entreprise et donc de fait le premier levier de conquête de bien-être !

---

52. *Op. cit.*

Chantiers

La qualité de vie au travail,
une question de posture et d'engagement

– 70 % des consommateurs de 25-49 ans déclarent que l'intérêt porté par une entreprise à ses salariés va de plus en plus conditionner l'acte d'achat de ses produits ou de ses services (étude Ipsos, 2014).

– L'être sur l'avoir : l'entreprise est à réinventer humainement et dans son mode de relation en repensant la notion d'aventure humaine ; la qualité de vie au travail passe par la capacité à fonder un nouveau pacte de collaboration. Il est nécessaire d'objectiver le sujet par des outils de mesure qualité du ressenti et du vécu des salariés et d'amener les dirigeants à assumer la situation.

– Faire du leadership humain la clé du management en respectant les choix des individus.

– Définir les rites de vie et les systèmes d'évaluation en libérant les énergies individuelles.

– Penser l'entreprise comme un écosystème poreux avec les mondes privés.

– Du toujours plus avec moins au toujours mieux avec autant.

N° 6 – LA TRANSFORMATION NUMÉRIQUE DE L'ENTREPRISE

Le lien entre digital et organisation du travail est au cœur de la compétitivité de l'entreprise. Corolaire du développement du travail à distance, du *coworking*, la virtualisation des rapports au travail concerne de plus en plus de salariés. Sa principale manifestation est le remplacement des déplacements physiques par des conférences téléphoniques ou des visioconférences.

L'automatisation et la digitalisation de nombreux processus se développent rapidement à l'image de la gestion des congés, effectuée directement par les salariés en ligne, ou encore des notes de frais, des inscriptions aux formations ou autres réservations à des événements… Allié au nomadisme en opposition au bureau fixe ou attitré, le digital est en passe d'imposer un nouveau rapport à l'autre qui peut donner le pire comme le meilleur si derrière la productivité l'entreprise ne protège pas sa culture (*cf.* le défi n° 7). Le digital encourage et développe le mode projet associant des acteurs souvent éparpillés, mais encore faut-il que cette notion se nourrisse d'échanges humains et non de compétences, qui ne sont qu'une définition limitée de la relation humaine.

Le digital impacte en profondeur les entreprises, tant au niveau des usages que de la façon de manager, les attentes des collaborateurs… Et ne peut se limiter à un aspect outil.

Quelles transformations anticiper pour les DRH ? Quels nouveaux usages imaginer ? Quelles compétences développer ? Les enjeux sont de taille pour l'entreprise : sa marque employeur, son attractivité, l'efficacité de ses modes de travail, sa survie parfois, les impacts sur les temps et lieux de travail, l'évolution des métiers n'en sont que quelques exemples. Nous sommes résolument dans la troisième révolution industrielle (après la vapeur et l'électricité) et cette révolution va transformer les modèles, par l'innovation, la mise à disposition de la connaissance, l'interaction permanente pour quasiment tous les habitants, la relation à l'autre. Il faut également accepter que toutes les entreprises ne soient pas impactées de la même manière, avec la même profondeur. Il y aura un décalage entre, par exemple, les services d'un côté et les entreprises industrielles et manufacturières de l'autre.

Le digital fait émerger de nouvelles attitudes dans l'entreprise et de nouvelles zones d'influence RH.

1. *Un nouveau rapport à l'information* et l'évolution du pouvoir dans l'entreprise, qui se situe de plus en plus dans le partage de l'information plutôt que dans sa détention.

2. *Une rationalisation du management par les chiffres* : en étant captées, structurées et analysées, les données produites dans l'écosystème de l'entreprise par le biais des échanges en réseau vont pouvoir être utilisées à des fins managériales ; ici s'inscrit l'un des fondements du *Big Data*. Si le vocabulaire s'est modifié – remplaçant les termes « tableaux de bord, suivi des KPI, *reporting* » par de nouveaux du type « extraction de données, algorithme, graphe, analyse, exploration *ad hoc…* » – la logique reste la même, celle d'une gestion rationnelle des ressources humaines mais de façon plus aboutie, réduisant davantage la part de subjectivité et d'intangible et maximisant ainsi la productivité. Ce type de recours ne doit cependant pas dispenser les organisations de toujours veiller à maintenir le management de proximité.

3. *Une remise en cause des modèles hiérarchiques et l'émergence de fonctionnements plutôt en réseaux qui favorisent la gestion en mode projet* : aujourd'hui, à travers l'usage d'intranets collaboratifs et d'espaces partagés, les salariés ont pris possession d'un espace où ils peuvent plus librement et à plus grande échelle, créer, interagir et échanger sur leurs expertises professionnelles et centres d'intérêts. Ces nouveaux espaces web permettent ainsi le décloisonnement des tâches, de sorte que les salariés, plus responsabilisés qu'auparavant, ne travaillent plus en silo avec pour seul interlocuteur leur responsable hiérarchique, mais participent à chaque étape du cycle de vie du projet où les missions et les buts sont communs et où chacun des membres du groupe est amené à travailler sur les mêmes points. Ces espaces web facilitent le travail partagé, permettant la construction d'espaces collaboratifs, la gestion de contenu stratégique ou encore la mise en place de messageries instantanées afin de faciliter les interactions entre individus. Les entreprises y voient un moyen de favoriser l'efficacité

de leurs collaborateurs en captant leur potentiel de réactivité et d'innovation et, dans le même temps, cela leur permet de renforcer leur propre attractivité et image de marque. Elles ont d'ailleurs de plus en plus recours aux projets RSE (réseau social d'entreprise), outils en expansion dont le taux de croissance moyen du marché est estimé à 10 % de 2011 à 2015.

4. *Une transformation du rôle de manager qui devient davantage coach, fédérateur et coordinateur que chef d'équipe* : à mesure qu'apparaissent de nouvelles formes de management, le rôle du manager évolue vers un rôle de manager coach, apportant réflexion, analyse, orientant davantage que programmant, sans faire usage d'autorité. Il devient aussi manager fédérateur car alors que la proportion de télétravailleurs s'accroît, il se doit d'assurer la préservation d'un sentiment d'appartenance et de cohésion d'équipe. Enfin, il s'avère être un manager coordinateur, cadrant le projet en amont, pourvoyant les outils et centralisant les contributions. Parallèlement, les membres de l'équipe vont davantage s'auto-organiser, cette responsabilisation ayant pour bénéfice d'agir sur la motivation de chacun. Face à ces évolutions, certains managers peuvent faire preuve d'une certaine appréhension. Des mesures d'accompagnement doivent alors leur être proposées, comme la mise en place de règles d'or pour le manager ou encore des formations aux nouvelles méthodes de management.

5. *La prise en compte des nouvelles générations Y et Z* : le passage à une revalorisation du mode projet et la transformation du rôle du manager ont de quoi satisfaire les générations Y et Z. En effet, ces générations, appelées aussi « *digital natives* », aux caractéristiques fondamentalement différentes et aux aspirations innovantes, détonnent avec les logiques verticales traditionnelles actuelles. Celles-ci apparaissent comme faites d'aspirations contradictoires mêlant conscience des réalités mais idéalisme, quête de liberté mais aussi de réassurance, forte appétence pour le lien social mais sélectivité, préférant les contacts virtuels que le contact

direct. En France, cette population représentera 50 % de la population en entreprise en 2015, charge donc aux managers d'apprendre à composer avec ces générations qui ont le potentiel de transformer les organisations et leurs logiques parfois figées. Le seul impératif reste la reconnaissance réelle des aspirations et des besoins propres à chaque classe d'âge et donc la cohabitation intergénérationnelle. Pour cela, le recours à des rendez-vous individuels informels, mais aussi à de brèves réunions peut permettre le développement d'une cohésion d'équipe, toutes générations confondues. D'autres procédés comme le tutorat volontaire peuvent s'avérer très efficaces. Le principe est simple : un senior transmet son savoir aux générations plus jeunes et inversement, ceux-ci pouvant à leur tour partager avec leurs aînés, par exemple leur expérience des réseaux sociaux.

6. Une attitude de plus en plus « consumériste » de la part du collaborateur vis-à-vis de son entreprise et le souhait d'y retrouver un prolongement

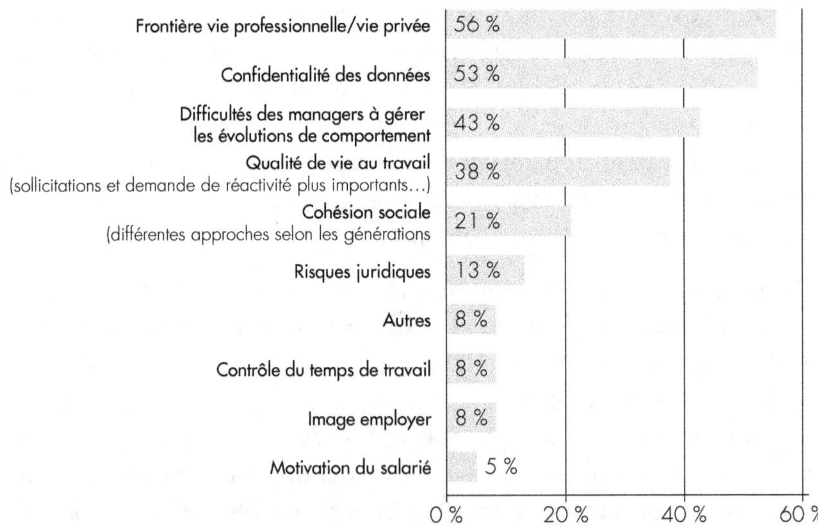

Étude « Une fonction RH digitale engagée à accompagner la transformation numérique de son entreprise », Kurt Salmon, Humania, Apec, 2015.

de l'univers digital dans lequel il évolue dans sa sphère privée : face à ce phénomène, l'objectif est d'intégrer de la manière la plus cohérente ces nouveaux outils dans l'entreprise. Certaines entreprises tentent donc de s'adapter à ces attentes en proposant des systèmes BYOD (*Bring Your Own Device*, littéralement « apportez votre propre appareil ») qui permettent aux salariés d'utiliser leur terminal personnel dans le cadre professionnel, ou encore avec le passage en COPE (*Corporate Owned, Personnally Enabled*), permettant d'offrir une gamme de services plus large et plus ouverte qu'actuellement, tout en maintenant une base pour administrer et gérer.

7. *La cible digitale et les compétences numériques futures* : l'entreprise a besoin de définir les objectifs stratégiques qu'elle souhaite atteindre en intégrant les nouvelles technologies et pratiques numériques liées à son métier. La cible digitale est une déclinaison de la stratégie globale de l'entreprise et est propre à chaque organisation. L'entreprise est amenée à se poser les questions clés suivantes :

▶ quelles sont les compétences clés numériques dont l'organisation a besoin pour que l'entreprise atteigne les objectifs de sa transformation digitale ?

▶ quels sont les métiers impactés par le digital (nouveaux métiers, métiers avec de nouvelles activités et de nouvelles compétences digitales, métiers en disparition…) ?

La démarche pour la DRH consiste à organiser la réflexion avec des cadres dirigeants, des managers au plus près des besoins du métier, des experts digitaux de l'entreprise mais aussi des chercheurs experts et d'autres talents digitaux externes à l'entreprise pour imaginer les futurs souhaitables à un horizon temps défini. Les travaux se focalisent sur l'impact du digital sur les emplois et les compétences de l'entreprise dans une réflexion plus générale. Sont passées en revue les orientations volontaristes fixées par la structure (par exemple : stratégie marketing, innovations techniques, processus de production, structure/organisation…) et les grandes évolutions susceptibles de concerner le secteur, le marché, les techniques, les évolutions réglementaires. Cette réflexion permet l'élaboration de la cartographie des compétences numériques cibles et l'identification des évolutions des métiers. Le capital digital existant sous forme de cartographie de compétences numériques actuelles, l'entreprise est amenée à prendre une photographie de l'existant pour connaître le niveau de maîtrise et d'usage des technologies digitales de ses collaborateurs. Trois pratiques clés peuvent être mises en œuvre pour analyser le capital digital existant :

- une auto-évaluation peut être faite par les collaborateurs eux-mêmes à partir d'un questionnaire qui porte sur les pratiques digitales dans les sphères professionnelles et personnelles. Ce champ d'investigation permet d'identifier les compétences numériques des collaborateurs, qu'ils mettent en œuvre dans leur univers digital professionnel et privé ;
- une évaluation de la maîtrise des technologies digitales de l'entreprise par les salariés peut être assurée par l'IT en collaboration avec les directions métiers ;
- enfin, des analyses peuvent être faites sur le niveau de participation de chacun des collaborateurs à un réseau social ainsi que leur niveau d'influence au sein des communautés digitales. Une valeur numérique peut être ainsi attribuée aux utilisateurs d'un média social riche en contenus et en échanges.

Une cartographie des compétences numériques actuelles détenues par les collaborateurs de l'organisation peut être élaborée (quel type de compétence numérique est-il détenu et par quel collaborateur ?). Des talents digitaux sont identifiés. L'analyse des écarts entre la cible digitale et le capital digital existant permet de mettre en évidence :

- les métiers les plus impactés (nouveaux métiers, métiers avec de nouvelles activités et de nouvelles compétences digitales, métiers en disparition…) ;

▶ les ressources numériques disponibles ;

▶ le degré d'urgence et le niveau d'ampleur du plan d'action pour acquérir les compétences numériques nécessaires à la transformation digitale de l'entreprise.

LA DÉFINITION ET LA MISE EN ŒUVRE DE LA FEUILLE DE ROUTE DIGITALE

L'entreprise est amenée à définir et mettre en œuvre un scénario d'évolution pour développer son capital digital et atteindre la cible digitale fixée. Les moyens mis en œuvre diffèrent d'une entreprise à une autre. Cinq grands types d'actions sont mis en avant :

▶ des programmes de formation sur les outils digitaux aident les collaborateurs à comprendre et à utiliser les nouvelles technologies et les plates-formes en lien avec leur métier et le business de l'entreprise. Les collaborateurs bénéficient de programmes interactifs d'apprentissage et intègrent des communautés d'apprentissage sur les réseaux sociaux d'entreprise ;

▶ des programmes de *mentoring* inversé assurés par les talents digitaux auprès des cadres permettent à ces derniers de maîtriser les technologies digitales et d'appréhender les applications business ;

▶ un plan ciblé de recrutements externes peut être lancé. Le recrutement avec des approches innovantes permet de capter des talents digitaux. Des groupes internationaux ont, par exemple, introduit le jeu dans le processus de recrutement. Les visiteurs des sites Internet des entreprises participent à la résolution de problèmes dans un monde virtuel. Les personnes qui obtiennent le maximum de points peuvent recevoir des prix et des opportunités de poste ;

▶ un programme d'échange de collaborateurs, qui peut faciliter la pollinisation croisée de talent digital et accélère l'innovation, est pratiqué entre des entreprises. Cela permet de gagner en expertise digitale ;

▸ le développement de partenariats avec des sociétés de technologie digitale est également un moyen pour acquérir rapidement les compétences numériques dont l'entreprise ne dispose pas en interne.

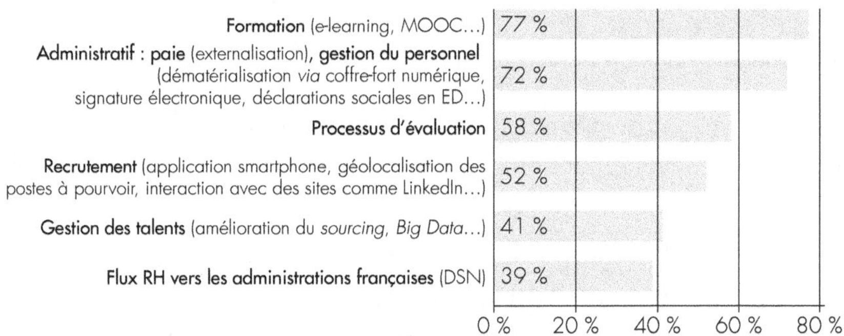

Étude « Une fonction RH digitale engagée à accompagner la transformation numérique de son entreprise », Kurt Salmon, Humania, Apec, 2015.

Deux grandes familles de projets digitaux

1. Des projets visant à renforcer le rapport de confiance existant entre les collaborateurs et la fonction RH. Des projets « marketés » et attractifs destinés à flatter l'image et la modernité de la fonction ; à l'instar des plateformes d'*onboarding* ou les entretiens annuels sur smartphone. Cette démarche privilégie les processus RH à forte visibilité dans l'organisation, comme l'intégration, ou des processus transversaux, communs à tous les collaborateurs dans l'entreprise, comme les entretiens annuels. L'approche par « petits pas », consistant à mettre à l'épreuve du digital des usages très ciblés tels que le *e-learning* ou le recrutement en ligne a l'avantage de fournir rapidement des résultats concrets. Aujourd'hui, les projets digitaux sont déployés par agrégats, de façon atomisée. Si cela permet une acculturation plus progressive, la pérennisation de la transformation RH doit nécessairement passer par un élargissement de la démarche, reliant les usages et les processus les uns aux autres.

2. D'autre part, émergent plus naturellement des projets à forte composante collaborative. Davantage de communication et d'interaction entre les collaborateurs, de partage d'information, la création de communautés d'experts, de communautés de travail, la normalisation du télétravail et du nomadisme… Les projets RH concrétisent une réalité à l'œuvre dans les organisations : le travail en réseau, la construction d'une intelligence collective à l'échelle de l'organisation. Le digital a commencé à interroger la fonction RH par le biais des usages en introduisant une rupture dans les modes de communication, d'expression, de structuration de l'information. La transformation va désormais plus loin et questionne la fonction RH au-delà de ses pratiques, jusqu'à ses processus mêmes.

Qu'est-ce que le Big Data RH pour les RH ?

Plus puissant qu'un outil de BI classique, la vocation du *Big Data* est de créer du sens et de la valeur à partir de l'analyse et de la modélisation de données « dormantes » disponibles sur la toile. Il se distingue de la BI par quatre notions clés, les « 4V » :

- la notion de *vélocité*, qui fait référence à la rapidité d'accès aux données ;
- le *volume* des données traitées car le phénomène d'infobésité va en s'accélérant : 90 % des données numériques dans le monde ont été créées au cours des deux dernières années seulement ;
- la notion de *variété* : toute activité en ligne crée une trace qui est susceptible d'être analysée par du *Big Data* : les profils professionnels et personnels bien sûr, les publications, les transactions commerciales mais aussi notre simple navigation, le temps passé sur tel ou tel site, toutes ces données sont susceptibles de fournir une valeur analytique ;
- la notion de *valeur* : l'objectif du *Big Data* est d'analyser rapidement un grand volume de données aux formats hétérogènes pour en sortir

une information contextualisée et donc utile à l'entreprise. Le *Big Data* apporte une analyse qualitative sur des données jusque-là non exploitables par les entreprises et d'autant plus par les fonctions RH.

En effet, si les données structurées, hébergées dans les SIRH sont faciles à exploiter, le *Big Data* permet de traiter les données non structurées : e-mails, transactions, posts, forums, sites web, etc., qui restaient jusque-là muettes. Le *Big Data* permet de créer de la valeur à partir soit d'une donnée de navigation, qui a déjà servi, soit d'une donnée qui est en possession de l'entreprise et non exploitée.

La plupart des données exploitables par le *Big Data* sont déjà stockées et les entreprises et la fonction RH en supportent déjà le coût. Un chiffre clé : aujourd'hui, 1 600 000 employés sont gérés dans le Top 20 des acteurs Saas *(Software as a service)* mondiaux. La fonction RH reste aujourd'hui méfiante face à cette technologie, car le *Big Data* ne saurait remplacer la connaissance empirique d'une population, il pose des problèmes d'ordre éthique et règlementaire. Cependant, utilisé comme un simple outil de performance, c'est un nouveau levier d'innovation. Il prolonge l'interconnexion des systèmes SIRH et le décloisonnement des processus en réunissant des données de pilotage issues d'autres outils (finance, comptabilité, enquêtes de satisfaction, outils de pilotage de la masse salariale, etc.).

Focus marque employeur face au digital

Dans un environnement toujours plus concurrentiel, les entreprises sont aujourd'hui confrontées à la « marketisation » de leur offre RH. Ce souci d'image et d'attractivité devenu central pour recruter les meilleurs talents se traduit par une présence plus importante qu'avant sur les supports web digitaux : médias et réseaux sociaux, sites carrières, applications mobiles… L'e-réputation d'une entreprise est aujourd'hui le premier critère dans la recherche d'un nouvel emploi pour 56 % des candidats (étude LinkedIn Talent Trends, 2014). Néanmoins, l'utilisation des technologies digitales doit être ajustée au public visé. Une bonne marque employeur doit donc s'appuyer sur une fonction RH plus ouverte, capable de susciter l'adhésion de ses propres collaborateurs et au fait des nouvelles technologies – c'est-à-dire une fonction RH hybride au confluent du marketing, de la communication et de l'IT. La marque employeur est un concept RH, mêlant identité et culture d'entreprise, avec une double dimension interne/externe. En interne, elle se nourrit des innovations sociales et organisationnelles pour développer une relation durable et de plus en plus individualisée avec les collaborateurs. En externe, il s'agit de faire de l'entreprise un employeur attractif, et de son nom une véritable marque, associée à de vraies valeurs structurantes et différenciantes qui sauront séduire les nouveaux talents. La marque employeur est un concept qui a une histoire récente mais dont l'importance s'est accrue ces dernières années avec l'avènement de la génération Y et des nouvelles technologies de l'information et de la communication.

Une nécessité pour répondre aux attentes des « Y » et des « Z »

L'enjeu d'attirer et de fidéliser les générations Y et Z est de plus en plus important pour les entreprises. Leurs attentes, bien différentes de celles de la génération précédente, ont amené l'entreprise à repenser les processus de recrutement et de fidélisation mais aussi la communication RH qui leur est destinée, en la rendant plus interactive et participative.

Les entreprises accordent de plus en plus d'importance au fait de répondre aux attentes des collaborateurs, mais aussi de séduire les futurs collaborateurs en mettant en avant les atouts de l'entreprise. La marque employeur s'attache ainsi à proposer une logique de cohérence entre les différentes actions internes et externes grâce à un message commun et à la diffusion d'un projet lisible par toutes les parties prenantes.

Avec les réseaux sociaux, la marque employeur est entrée de plain-pied dans l'ère du digital : les avis étant consultables en ligne par n'importe quelle personne, les entreprises se doivent désormais d'être de plus en plus vigilantes aux propos relayés par leurs salariés sur le web. L'utilisation des réseaux sociaux par les entreprises est stratégique car ces derniers peuvent servir tant au recrutement (externe) qu'à la fidélisation des collaborateurs (interne). En matière de recrutement, l'e-réputation a un impact direct sur les candidats qui vont découvrir l'entreprise et ce qu'elle propose.

En matière de fidélisation, l'enjeu pour l'entreprise n'est pas tant d'accumuler le nombre de talents, mais d'arriver à les faire travailler ensemble. En cela, les médias sociaux favorisent les échanges et la collaboration au service de la culture d'entreprise. La marque employeur de l'entreprise est bâtie et auto-entretenue grâce à ses salariés qui, *via* les réseaux sociaux, peuvent partager leurs expériences avec l'extérieur, rendant l'organisation plus authentique et plus attractive. En cela, les équipes RH doivent encourager une ouverture de l'entreprise à ce type de technologies.

L'EXPÉRIENCE-CANDIDAT : UNE VITRINE DE LA MARQUE EMPLOYEUR

Tout le monde s'accorde à dire que l'expérience de recrutement proposée aux candidats est créatrice de valeurs pour l'entreprise. Elle renforce sa capacité à attirer des profils, à sécuriser la réponse finale du candidat retenu et son intégration. Elle contribue à l'image et à la réputation de l'entreprise pour les besoins du recrutement et au-delà. Dans une première phase de veille sur le marché de l'emploi, l'usage des réseaux sociaux par le candidat va permettre de créer un lien théorique avec l'entreprise. Les réseaux sociaux constituent ainsi un espace de rencontre entre les marques et les membres. Les interactions développées peuvent avoir pour objectif de faire mieux connaître l'entreprise, sa politique de gestion des ressources humaines et de recrutement, ses métiers, ses engagements en matière de RSE pour attirer des candidats. Lorsque le candidat entre dans une démarche de recherche d'emploi beaucoup plus active, l'entreprise va orienter son discours sur le terrain du marketing RH afin de s'imposer dans l'esprit du candidat comme un employeur idéal. L'apport des réseaux sociaux en matière de recrutement est donc de replacer la gestion de la relation candidat-recruteur comme un élément majeur de l'attractivité de l'entreprise, de l'efficacité du recrutement, de l'engagement du collaborateur recruté et de sa fidélisation.

CANDIDATS ET EMPLOYEURS FACE AUX RÉSEAUX SOCIAUX

Dernièrement, le portail d'information eMarketer annonçait que tous les utilisateurs d'Internet ont une image plus positive des entreprises qui utilisent les nouveaux médias. Si l'utilisation des technologies 2.0 participe à la construction de cette image positive, il est évident que les candidats et salariés considèrent les sociétés utilisatrices de ces technologies avec davantage d'intérêt. En cela, l'usage représente un avantage concurrentiel significatif pour la marque employeur. Les réseaux sociaux offrent un complément incontournable aux sites carrières traditionnels pour bâtir une nouvelle expérience du recrutement. Les recruteurs s'y dévoilent de plus en plus. Aujourd'hui, une personne sur cinq cherche un emploi *via* son mobile. Et cette proportion, en augmentation nette et constante, est encore plus importante chez les 18-25 ans (68 %) : les jeunes diplômés à la recherche d'un premier emploi. Il ne fait donc aucun doute que le mobile est un outil à ne pas négliger par les entreprises pour cultiver leur marque employeur et attirer les candidats. Néanmoins, à ce jour, seule une centaine d'entreprises dans le monde ont un espace recrutement en technologie mobile. L'application mobile est le canal de recrutement du futur. Elle est aussi une dimension clé de la marque employeur de par sa capacité à proposer des contenus et des fonctionnalités innovantes adaptés aux attentes des candidats. Parmi les fonctionnalités préférées des candidats, la géolocalisation des offres d'emploi et le système de notifications en *push*. Toutes ces fonctionnalités servent la marque employeur, mais la véritable valeur pour les recruteurs est la connexion avec le système de gestion des candidatures de l'entreprise, permettant de centraliser l'ensemble des candidatures.

Quelle stratégie digitale pour une marque employeur forte ?

Bien qu'ils permettent d'attirer de nouveaux talents et de générer de nouveaux gisements de productivité pour l'entreprise, les outils digitaux sont un moyen et non pas une fin pour la marque employeur. Pour être efficiente, la stratégie digitale doit s'aligner avec la stratégie globale de l'entreprise. La cohérence des messages portés par la marque employeur est essentielle car ils abordent le business, le recrutement ou le marketing. De plus, cela permet d'avoir une meilleure visibilité tant en interne qu'en externe.

Définir la stratégie de marque employeur et les messages à véhiculer

L'élaboration de la marque employeur nécessite l'identification des raisons pour lesquelles certains candidats répondent aux offres et d'autres les déclinent. Mais elle a également pour but de définir ce que ces mêmes personnes attendent de l'entreprise. Au terme de ce diagnostic, un bilan peut être réalisé afin de faire le *delta* entre l'image que l'entreprise souhaite donner et celle qu'elle donne vraiment. Sur la base des informations recueillies, l'entreprise peut définir les messages à transmettre. Ils doivent être authentiques, dans le sens où ils pourraient faire l'objet de témoignages de salariés, comme on le voit sur certains sites.

PROMOUVOIR ET COMMUNIQUER SUR LA MARQUE EMPLOYEUR

Lorsqu'une entreprise se lance dans la promotion de sa marque employeur, elle change de registre communicationnel en passant d'une communication institutionnelle à une communication interactive. C'est à ce stade que s'effectue le choix des médias les plus pertinents en considérant que mieux ils correspondent aux besoins attendus, plus les messages relayés seront pertinents.

LA MARQUE EMPLOYEUR DIGITALE IMPLIQUE UN NOUVEAU POSITIONNEMENT POUR LA FONCTION RH

La digitalisation de la marque employeur invite la fonction RH à se réinventer dans son positionnement de partenaire stratégique. Elle l'amène à entreprendre un virage vers les nouvelles technologies, le marketing et la communication. Une des transformations du métier de DRH est de se positionner vers l'extérieur, de dépasser les cloisonnements avec les services de communication pour aller porter la parole de l'entreprise en ligne. La marque employeur transforme les RH en acteurs médiatiques appelés à s'exposer sur les réseaux sociaux, incarnant la spontanéité et l'authenticité. En ce sens, le DRH 2.0/3.0 doit s'imposer comme un véritable *Marketing Actor*.

Chantiers

Passer des outils à la culture digitale

– Développer et maîtriser le *Big Data* RH et structurer l'intelligence identitaire et business de l'entreprise *via* des MOOCs culturels.

– S'approprier le leadership des usages en dépassant les contingences techniques tout en portant l'innovation économique et sociale.

– Anticiper et structurer les révolutions en terme de collaboratif et d'encadrement règlementaire en développant un vrai leadership digital transverse de coordination des mutations pour humaniser le « progrès ».

– Dépasser les clivages de générations au profit d'une coconstruction digitale et d'un accompagnement du changement 360°.

– Inventer une communication intelligente et responsable du partage *via* des réseaux sociaux ouverts en laissant les collaborateurs libres de s'exprimer mais aussi en se rendant accessible en externe (informations globales et interaction 360°, familles métiers à l'image de forums d'experts, segmentation par sujets…).

N° 7 – Faire de la culture et de la réputation de l'entreprise une priorité absolue

Dès lors qu'est accepté le principe que la culture est la somme de valeurs, de comportements, d'engagements qui animent les équipes au nom d'une ambition partagée et incarnée par la « marque maillot », elle est censée développer la fierté d'appartenance à l'entreprise et d'adhésion de chacun comme du collectif. La culture est le capital culturel et identitaire le plus précieux de l'entreprise. Élément discriminant et sélectif par nature, elle exprime l'unicité de l'entreprise et de son corps social.

Cette culture influence à la fois le recrutement – par une sélectivité naturelle qui permet aux candidats de s'auto-évaluer humainement –, le management de haut en bas – dont les comportements se doivent d'être alignés sur elle –, les systèmes d'évaluation et de rémunération, la réputation sociétale et sociale face à l'opinion publique ainsi que le dialogue social et médiatique… La culture d'entreprise n'est pas de la communication mais bien l'expression de l'intelligence humaine fédérée au nom d'une ambition et d'un vivre ensemble.

En écho au sentiment de déshumanisation, de désengagement et de mal-être ressenti dans un certain nombre de grandes organisations, le déficit, l'abandon voire la ruine culturels se sont développés au profit de communications corporate aseptisées qui font que toutes les entreprises communiquent de la même manière, au même moment et sur les mêmes sujets.

Au moment où *Liberté & Cie*[53] devient le livre de chevet des managers en quête d'inspiration chez les « entreprises libérées » et où les Français font de la réputation sociale et sociétale le premier critère de confiance (et donc de défiance) vis-à-vis des grandes entreprises (d'après le baromètre Burson-Marsteller de mars 2015, la plupart des entreprises du CAC 40 décrochent en terme de réputation à l'exception de Danone, Michelin ou encore Carrefour), force est de constater que la réputation reste encore un simple enjeu de communication face à une culture d'entreprise qui « fout le camp » !

Selon le même baromètre, 45 % de la réputation se construit sur la dimension RSE/employeur plutôt que sur le critère de la performance économique et financière qui ne pèse que 11,1 % dans la construction d'une réputation. Ces chiffres sont à mettre en perspective avec les 70 % de consommateurs qui déclarent que l'intérêt porté par une entreprise à ses salariés va de plus en plus conditionner l'acte d'achat de leurs produits ou services (Ipsos).

La culture ayant été mise à mal sous la pression du temps, des réorganisations, des changements fréquents de dirigeants et du peu de considération des marchés financiers, elle est devenue un enjeu de communication qui privilégie le paraître à l'être ! Ce constat dont personne n'est dupe – en particulier les jeunes en quête de culture assumée et vécue – est l'un des plus importants de ces vingt dernières années et étrangement le moins abordé car il remet en cause le déficit culturel des modèles de gouvernance !

---

53. *Op. cit.*

LA RÉPUTATION SE GÈRE DÉSORMAIS COMME UN ACTIF

Le dogme des modes et des concepts caricaturaux sur le bien-être et autres valeurs humanistes auxquelles on ne peut qu'adhérer, alimente les bavardages au détriment de l'essentiel : *l'ambition humaine de l'entreprise et l'incarnation de sa culture !* Dur constat pour nombre de dirigeants qui refusent de traverser le miroir et qui croient qu'en étant « dans le vent », le job de patron est assuré. Le politiquement correct crée un écran de fumée pour masquer une décadence existentielle constatée dans beaucoup d'entreprises : la disparition pure et simple de la culture d'entreprise, cette notion intemporelle qui relie les générations, donne du sens à l'engagement, nourrit la fierté d'être, fédère derrière la gouvernance et qui, à l'extérieur, fait parler en bien de l'entreprise. Une culture qui est le fruit de l'histoire de l'entreprise, de sa transmission, mais aussi le miroir de l'exemplarité des leaders.

La perte de sens soulignée massivement depuis quinze ans, le manque de reconnaissance, la soumission au dogme du tout financier, les trente ans de « yoyo social » ont fini par évacuer des identifiants *corporate* la vraie conscience employeur des dirigeants. On raisonne par masse et par grands principes ou sujets, sans plus savoir ramener la relation à l'essentiel : l'individu ! Être membre du comité de direction d'un grand groupe ne signifie pas être employeur ; on s'y pense expert et non patron ! Ainsi, la réponse la plus commune à toutes les enquêtes d'opinion quanti et quali sur l'origine du manque d'engagement est le sentiment de n'être qu'un numéro et de ne pas comprendre le sens utile de l'action collective et individuelle. La réalité de nombre d'entreprises aujourd'hui est certes d'offrir du travail et des missions, mais plus de destins ni d'aventures humaines à vivre !

À force de rabâcher que les salariés ne sont plus fidèles, que les jeunes « zappent », que les seniors ne sont pas faciles à mobiliser, on finit par

----

54. *Influencia*, 13 mars 2015.

le croire et on baisse les bras face à ce qui est le plus important : son identité profonde. La génération X en a fait les frais avec la désillusion du chômage de masse en écho à la fameuse fierté d'appartenance qui la caractérisait ; les « Y », dont les plus anciens furent la première « génération Kleenex » cultivent un cynisme désarmant ; en revanche les « Z », alias les « mutants », en passe d'arriver sur le marché du travail, sont en attente de culture à partager, d'engagements à relever ! Les années perdues de 1990 à aujourd'hui ne condamnent pas l'entreprise au non-sens culturel ; bien au contraire ! La culture d'entreprise est le vrai défi des prochaines années.

L'entreprise doit assumer sa sélectivité naturelle guidée par ses croyances, son projet et ses valeurs ; elle est censée être unique, n'avoir qu'un langage, qu'une identité. Au-delà des notions d'origine, de sexe, d'orientation spirituelle ou sexuelle qui ne sont pas le sujet, elle doit revendiquer de ne pas être faite pour tout le monde, elle doit assumer ses choix ! La culture dépasse les statuts et les individus eux-mêmes au profit de la transmission, du partage et de la reconnaissance… L'entreprise est par essence discriminante. Ce ne sont pas les compétences qui font le succès durable entre un projet individuel et une œuvre collective mais la croyance partagée en un socle de valeurs et de comportements communs.

Inclure au sens sélectif du terme (et non exclure) est dans l'ADN de ces entreprises qui font de leur culture leur bien le plus précieux, à l'image de ces exceptions du CAC 40 que sont Michelin et Danone ou de ces ETI dont la France a le secret mais dont personne ne parle. La culture est la priorité permanente de dirigeants à son service, au profit non pas des résultats trimestriels mais du patrimoine à transmettre. La culture donne du sens à l'art de diriger ! Et donc au dirigeant lui-même.

Au moment où, d'après un article de *L'Express* du 18 mars 2015, « la direction financière semble être la nouvelle voie royale pour accéder aux plus hautes fonctions » et où nombre de DRH sont placés sous son contrôle, il y a urgence à rappeler que sans culture il n'y a point de vivre ensemble ni d'espoir et que, sans espoir, il n'y a point d'engagement. Or la DRH est la seule fonction transversale légitime pour éviter que la culture d'entreprise ne se résume à un charabia insipide de bons sentiments copiés-collés allant à l'encontre même d'un quotidien fait de pressions et de court terme. Le cloisonnement des territoires, les luttes d'ego sont autant d'obstacles à l'harmonie culturelle.

La seule chose qu'un patron n'a pas le droit de sacrifier aux modes, c'est bien la culture d'entreprise ! Bâtir est le sens même de la nature humaine, l'avenir sa raison d'être, et l'entreprise est un outil parmi d'autres qui aide chacun à devenir architecte de sa vie. Marquer sa différence culturelle permet de ne pas être comparé par défaut mais d'être choisi par conviction, que ce soit par les clients, les salariés, les candidats ou les simples citoyens.

Le chef d'entreprise est le garant, mieux le *gardien* de la culture : qu'il soit créateur ou salarié, il doit être évalué à l'aune de sa foi et de son exemplarité à porter la culture d'entreprise. L'adhésion de ses salariés devrait être un critère objectif de bonus/malus !

L'entreprise sans chef au sens culturel est un leurre machiavélique pour faire croire à une démocratie économique : dernière manipulation des rois de Wall Street qui, sans rien connaître du vivre ensemble de l'entreprise, prônent le culte du management par l'exécution, laissant sous-entendre que les process sont plus forts que les patrons… Le pire est que certains arrivent à s'en convaincre, souvent pour se donner bonne conscience face à leur incapacité à produire du sens.

Une certitude : cette vision va trouver sur son chemin la nouvelle génération d'entrepreneurs qui arrive et qui, tout en prônant le partage et le collaboratif, fait des valeurs et de la culture une priorité… comme beaucoup de ses aînés.

La culture d'entreprise est le bien le plus précieux à protéger, à nourrir aussi pour rester ce carburant essentiel dont chacun a besoin pour avancer dans sa vie. Une vraie feuille de route pour le binôme PDG/ DRH dont on parle si souvent et qui, aujourd'hui, se trouve plus que jamais placé face à ses responsabilités morales.

Chantiers

Protéger la culture d'entreprise

— Remettre les fondamentaux culturels au cœur de tous les enjeux humains et professionnels de l'entreprise : définition des rites du vivre ensemble ; évaluation du savoir-être des candidats, y compris les dirigeants ; communication « culturellement discriminante » à assumer ; mise à plat des systèmes de rémunération et d'évaluation, y compris des dirigeants (l'adhésion à la culture est un élément clé de distinction) ; acculturation des nouveaux arrivants et validation des acquis culturels…

— Devenir un agent culturel en puissance, en interne comme en externe, en bannissant la langue de bois au profit d'un discours engagé s'appuyant sur des preuves.

— Ancrer la culture d'entreprise dans la réalité digitale et accepter la confrontation positive pour en faire un enjeu de vision.

— Rédiger un contrat culturel assumé et porté par tous, véritable passeport pour l'entreprise.

SOURCES

- Étude « Hashtag Nation », BETC, octobre 2014.
- Étude « emploi-recrutement », Monster, juillet 2014.
- Étude « qualité de vie au travail », Deloitte, 2015.
- Étude « L'évolution de l'organisation du travail des cadres », Apec, mars 2014.
- Étude « La Grande InvaZion », The Boson Project et BNP-Paribas, janvier 2015.
- Étude « Le DRH de demain sera «médiatique» », ANDRH, 3e édition, mai 2015.
- Baromètre Ipsos-Edenred, 2014.
- Baromètre « télétravail », Zevillage Inferences, 2015.
- Rapport « Les métiers en 2022 », DARES et France Stratégie, avril 2015.
- Enquête « Nomadisme, bien-être et performance : quel bilan en 2014 ? », Mobilitis et Greenworking, fin 2014.

La culture dessine notre avenir

Nous avons tous conscience de l'importance de la culture d'entreprise : cette notion est tellement évidente qu'elle fait partie des mots-valise, comme l'a précisé Laurent Choain dans son témoignage (*cf.* chapitre 6). Mais chacun doit avoir conscience de son propre engagement culturel !

Ce livre a été écrit avant les attentats du 13 novembre 2015 à Paris, dont la portée culturelle m'a fortement ébranlé dans la phase de relecture du manuscrit et de rédaction de cette conclusion. Citons Pauline Bebe, rabbin de la communauté juive libérale d'Île-de-France, qui s'exprime dans un article du *Huffington Post* : « Cette fois, ce n'était plus des dessinateurs un peu frondeurs, épris de liberté, ni des juifs dans un supermarché, ni des enfants dans une école juive, ni des militaires. Cette fois, on ne pouvait plus mettre d'étiquette d'appartenance sur leur front et dire «ce n'est pas moi c'est l'autre» ou encore «suis-je le gardien de mon frère ?» en haussant les épaules. Pourtant on leur avait dit qu'il ne fallait pas dire «oui-mais», on leur avait dit que quand un juif était attaqué, c'était la République française qui l'était, que quand la liberté d'expression était bafouée, celle de caricaturer, c'est la liberté tout court qui était atteinte, qu'il ne s'agissait pas de guerres communautaires, de conflits importés, on leur avait dit tout cela, mais ils ne l'avaient pas cru, ne l'avaient pas entendu. » L'obscurantisme et l'inculture du fanatisme font couler le sang d'un vivre ensemble humaniste dont la France est une représentante. C'est pourquoi ce livre est dédié aux victimes qui font toutes partie de notre famille !

Même si je m'interdis tout raccourci entre ces drames et le sujet présent, il y en a un que je veux faire : une culture qui n'est ni magnifiée, ni protégée, ni suffisamment transmise est une culture en danger et la loi du plus fort cherche toujours à s'imposer. Je l'avais déjà souligné dans mon livre *Le Prix de la confiance* en 2013, c'est encore plus vrai aujourd'hui ! La culture d'entreprise est un bien précieux, unique, exclusif ; un capital qui s'enrichit, se développe, se transmet quelle que soit la nature capitalistique de l'entreprise. C'est clairement la marque d'intelligence du vivre ensemble.

Et c'est bien sur le mot « intelligence » que ce livre doit se conclure : malgré toutes les recettes et les exemples donnés ici, sans intelligence du cœur et de l'esprit point de culture d'entreprise ! L'entreprise est sûrement l'un des concepts les plus sophistiqués que l'homme ait créé… Sophistiqué car associé au labeur, au travail au sens du terme latin *tripalium* (« objet de torture, de contrainte »), il se doit dans nos sociétés éduquées de traduire un espace d'épanouissement et de plaisir. Contrainte et plaisir flirtent avec masochisme !

L'entreprise, qu'elle soit industrielle, de service, administrative, etc., est en effet un lieu de contraintes qui a pour objectif le bénéfice client/consommateur/usager… Contraintes de coûts, commerciales, de délais, de production, etc., les contraintes sont partout ! Et pourtant il faut bâtir ensemble. Surmonter ce terreau de contraintes impose de croire en une étoile – le sens – et de la suivre pour avancer vers une dynamique collective. Cette étoile est justement celle de l'intelligence ; dépasser les jobs au profit de la mission de l'entreprise et les clivages

« ringards et souvent corporatistes » au profit d'une seule et unique culture du « maillot » ! Le moule de la pensée unique va à l'encontre de la lumière qui doit pouvoir émaner d'un collectif, d'un dirigeant. Cette étoile parle aussi bien au cerveau droit qu'au cerveau gauche, elle réclame des managers capables de faire du sens le levier de performance et d'autonomie de leurs équipes.

Pour cela, chaque entreprise doit se penser en communauté ouverte et faire de son histoire et de son ADN les éléments clés de son intelligence collective. L'intelligence transversale est une richesse insoupçonnée mais elle peut vite devenir une anarchie incroyable sans étoile, justement !

L'entreprise est un choix qui, s'il est limité à la mission, au salaire, aux évolutions possibles, devient vite sclérosant ; c'est le choix du « bonheur d'être soi » ! Le « bonheur d'être » est en effet la vraie valeur ajoutée du pacte employeur de toute entreprise responsable. Mais pour être crédible, ce pacte doit être lisible en amont d'une rencontre – la fameuse marque employeur et la réputation qui va de pair –, contractuel moralement – la confiance mutuelle –, vécu et transmis par des rites et des symboles établis pour lesquels aucun compromis n'est acceptable, y compris l'arrivée d'un nouveau dirigeant (sous réserve bien sûr d'une transformation de l'entreprise qui donne lieu à un accompagnement culturel spécifique) et bien entendu ce pacte doit être la première source de fierté qui habite les équipes !

Comme nous l'avons vu, le « bonheur d'être » est un choix. Aucun poste, aucune entreprise, aucun patron ne justifie la souffrance ou le mal-être. Chacun est « capitaine de son âme, maître de son destin » comme le formulait Nelson Mandela.

Dans ce travail intérieur qui rejaillit et influence en externe, la marque est par essence cette étoile qui sert de guide. C'est pour elle que l'on se lève, que l'on se « défonce », que l'on se bat, que l'on gagne ; c'est à elle que l'on s'identifie et c'est pour elle que le sens se transforme en militantisme ! Elle est par définition exclusive et justifie que l'entreprise soit culturellement discriminante.

Savoir « pourquoi » et non plus uniquement « comment » est au cœur de la culture de toutes les entreprise et, nous l'avons abordé, au cœur des attentes des jeunes générations qui, sur ce point, ne manqueront pas de faire évoluer leurs aînés. Au moment où l'on constate que l'entreprise se consomme, que le zapping des jobs se développe malgré un chômage record, les mots « fidélité, considération, partage » vont revenir très vite sur le devant de la scène ! Tout simplement parce que le « pourquoi » de l'individualisme est toujours plus aride que le « pourquoi » collectif…

La culture d'entreprise remplit le « pourquoi » d'une communauté humaine et le décline autant au niveau individuel que collectif ; elle est le ciment de l'adhésion. Elle est spirituelle…

Au-delà des modes sur le management et le leadership, nous vivons une époque qui offre l'opportunité de réhabiliter avec pragmatisme tous les fondamentaux humains, et ce bien au-delà de l'impact de la révolution digitale. C'est pourquoi la question de la culture d'entreprise est l'une des plus importantes pour les années à venir !

Question d'intelligence…

Remerciements

Merci à Matthieu Ricard, dont la vision éclaire ce livre.

Merci à toutes celles et tous ceux qui, de près ou de loin, ont contribué à l'aventure de ce livre, à commencer par mes équipes sans lesquelles je ne suis pas grand-chose.

Merci à toutes celles et tous ceux qui par leur fidélité éclairent mon chemin ; chaque histoire, chaque rencontre est une chance que les épreuves de la vie m'ont appris à goûter pleinement.

Merci à toutes celles et tous ceux qui osent se poser des questions et qui m'entraînent dans les méandres de leurs réflexions ; pour tous ces voyages, je les aime et je sais qu'ils se reconnaîtront.

Merci à Nathan et à Hannah qui, bien plus qu'ils ne l'imaginent, me guident aussi et donnent du sens au temps qui passe. Ils sont *la* vie !

À Laurence à qui je dois tout. À eux trois avec amour.

À la mémoire de mon père.